本书为教育部人文社会科学研究项目“新常态下中国地方政府债务风险预警与防范措施研究”（项目编号：19YJA790082）的阶段性研究成果

王凡一 著

# 欧元国际化

## 对欧债危机的影响及对中国的启示

The Influence of Euro Internationalization on European Debt Crisis and Its Enlightenment to China

社会科学文献出版社
SOCIAL SCIENCES ACADEMIC PRESS (CHINA)

# 前言

欧债危机的爆发和蔓延是由多种影响因素共同导致的。从外部影响因素来看，受2008年国际金融危机的冲击，欧元区经济增长乏力，三大信用评级机构一再下调危机国的主权信用评级，使得欧债危机越演越烈。同时，由于欧元对美元的国际货币霸主地位造成了威胁，美国利用高盛集团、三大信用评级机构推波助澜，导致欧债危机一发不可收拾。但欧债危机爆发的主因还在于其内部的影响因素：欧元区国家经济发展不平衡，货币的统一使得南欧国家和北欧国家经济实力差距不断扩大；欧洲央行的成立导致欧元区国家财政政策与货币政策不统一，宏观调控政策失调；欧元区国家一直实行高福利政策，过高的社会福利支出给欧元区国家政府造成了沉重的负担；欧元区的金融监管不足，与快速发展的金融市场不相适应；欧盟的债务危机救助机制缺失，不能有效应对债务危机。这些内部因素促使了欧债危机的爆发和随后的不断恶化蔓延。

无论是导致欧债危机爆发的内部影响因素，如财政政策与货币政策不匹配、宏观调控政策失效、福利超载、欧元区各国经济发展不平衡、金融监管不足、危机救助机制缺失，还是导致欧债危机爆发的外部影响因素，如2008年国际金融危机的冲击、国际信用评级机构和美元的打压，都是由欧元的诞生和欧洲央行的设立引发的。作为超主权货币，欧元国际化的过程与美元、日元不同，其区域货币一体化的过程和货币国际化是同时完成的，欧元诞生的过程就是其国际化的过程。正是因此欧元天生就存在一些不足：缺乏稳定的经济基础，缺乏稳定的政治基础，缺乏稳定的制度架构。在欧元这些天生不足的基础上，欧洲央行也不可避免地带有一些制度缺陷：一是单一的货币政策与区域经济发展不平衡存在冲突，二是统一的汇率制度使欧元区各国经济发展水平差距扩大，三是最后贷款人职能缺失。欧元的先天不足及欧洲央行的各种制度缺陷都不可避免地对整个欧元区经济的平衡发展造成了严重的负面影响，为欧债危机的爆发埋下了隐患。欧元的诞生增加了欧元区成员国宏观调控的难度，不利于经济复苏，放大了希腊等外围国家经济的脆弱性。正是欧元的问题导致了欧债危机的爆发和蔓延，欧债危机的本质是货币的危机，是欧元的危机。欧元国际化引发欧债危机的传导路径可概括为：欧元国际化要求欧元区统一货币政策→统一的货币政策导致欧元区国家财政政策与货币政策不匹配→宏观政策失效引发一系列经济社会问题→救助机制缺失导致救助措施不力最终引发欧债危机。欧元国际化影响欧债危机的机制分为以下几个方面：一是货币政策独立性消失导致汇率调节机制失效，二是欧元国际化导致国别化的宏观经济调控机制失调，三是欧元国际化引致债务错觉进而导致市场机制失灵，四是欧元国际化引发欧美地缘经济之争进而导致国际经济协调机制失衡。

欧债危机爆发后，对欧洲经济和社会造成了很大的冲击，也给包括中国在内的很多国家造成了很大的影响。为了整治债务危机，欧元区国家进行了财政政策调整，实行紧缩性财政政策，希望可以解决高债务和低增长的问题。同时，欧元区国家也加强了经济治理制度建设，强化了政治协调机制，设立了救助机制，欧洲央行也逐渐转变为“最后的贷款人”，欧盟还推出了财政公约，设立了单一监管制度。欧债危机暴露出的欧元区问题和近年来欧元区采取的整治债务危机的政策措施，都值得中国借鉴。第一，中国在参与区域金融货币合作的过程中，不应该急功近利，而是应该审慎进行。第二，当前中国地方债问题较为突出，中国应健全地方债务的风险预警机制，推进地方政府的信用评级和破产机制建设。第三，中国在运用财政政策和货币政策时必须审时度势，互相搭配使用。而且，借鉴欧盟国家近年来采取的紧缩政策，中国也应该意识到，为了提振经济，一味地采取扩张性的财政政策并不一定会取得预期的效果。提振市场的信心、充分利用私人部门的力量，也是复苏经济的良好选择。第四，中国在制定与推行社会保障政策时应该充分考虑到中国的经济、社会的发展状况和经济承受能力，不但要保证人民生活水平不断提高，还要避免经济承受过大的压力，确保经济持续健康发展。第五，中国应该积极吸取欧美等国家金融监管的经验教训，加强对影子银行体系的监管，为中国经济的发展营造良好的金融环境。同时，中国还应进一步建立和完善适合中国实际情况的危机救助机制，稳定市场的预期和信心。第六，人民币国际化进程应稳步推进，不能急功近利，推进人民币国际化必须以保障中国的金融安全、货币主权和经济持续健康发展为前提。

# 目 录

# 第一章
# 绪　论

## 第一节　研究背景：欧债危机、欧元国际化

### 一　研究背景

2009年，欧洲主权债务危机率先在希腊爆发。当时欧盟对此没有高度重视，加上救助机制的缺失，救治措施不力，错过了最佳救助时期，导致欧洲主权债务危机先后蔓延到西班牙、葡萄牙、意大利、爱尔兰、塞浦路斯等国家，欧债危机全面在欧元区国家爆发。此后，欧盟委员会、欧洲央行、欧元区各成员国和国际货币基金组织（IMF）等纷纷采取一系列措施积极进行救助，也取得了一定的成效。2013年爱尔兰等国暂时摆脱了主权债务风险，欧债危机得到一定程度的缓解。但是在2015年8月，希腊的主权债务问题再度恶化，欧债危机问题再度引起了世人的高度关注。即使到了2017年，欧元区各国的政府债务率、经济增长率和失业率等指标仍然不容乐观，欧债危机依然没有得到根本性解决。

从2009年欧债危机爆发到现在已经过去了9年多的时间，但是欧债危机的风险一直存在，并且成为阻碍欧洲经济复苏的主要顽疾。为了解决欧债危机问题，世界各大经济机构和各国的学者们对欧债危机进行了全面系统的研究，取得了大量的研究成果，也给出了各种各样的策略建议。同时，欧盟和欧洲央行也采取了各种措施来治理欧债危机，但是从最终的效果来看，这些政策措施的效果并不尽如人意，时至今日，欧债危机的根本性问题一直没能得到有效解决。其实，欧债危机不单纯是一种经济危机，其背后隐藏着欧元区各国激烈的政治、经济博弈。欧债危机爆发后，在开始救治的黄金阶段，德国、法国等欧元区核心国家出于本国利益考虑，对救助措施存在各种

争议，难以达成共识，使救治措施迟迟不能付诸行动，错过了最佳的救治阶段，导致欧债危机不断蔓延。欧元区国家不能精诚合作、共渡难关的问题从欧元诞生、欧元区成立就开始了。欧元区若想成功运行，必须要有高度的政治经济一体化。现在的实际情况是，欧元区虽然统一了货币，区内各国也让渡了货币主权，成立了欧洲央行，实施了统一的货币政策，但欧元区仍然仅仅是个较为松散的货币联盟。在政治上区内各国彼此独立，各国制定实施的经济政策也还是以各自的利益为主，这就给欧元区经济的平稳运行埋下了隐患。

欧元作为当今世界主要的国际货币之一，同美元和日元不同，其本身就是货币一体化和国际化的混合产物，其诞生的过程就是货币国际化的过程。这是欧元的天生优势，给欧元区国家带来了很多利益。但同时，作为超主权货币，欧元也存在很多天生的不足，它虽然统一了欧元区各国的货币，但也仅仅是这些国家货币的统一、货币政策的统一。欧元的这种天生缺陷是欧债危机爆发的根源，欧债危机本质上是货币危机，是欧元的危机。若不能把欧元本身的问题解决，欧债危机就不能从根本上得到解决，其他的解决方法、救治措施都是治标不治本，只能起到缓解作用，不能从根本上解决欧债危机。也正是这个原因，导致这些年来欧盟、欧洲央行、欧元区各国虽然都采取了各种措施，但是欧债危机依然阴云不散。而且欧债危机的蔓延和迟迟不能解决，使得欧盟内部的民族主义抬头，欧洲民众对欧元和欧元区的前景产生了怀疑。从某种意义来说，欧债危机既是经济危机，也是政治危机。在这种背景下，从欧元本身出发研究欧债危机爆发的根源，对于解决欧债危机具有重要的理论意义和现实意义。而且，当前中国正在大力推进区域金融货币合作和人民币国际化进程，吸取欧债危机的教训、借鉴欧元国际化的经验，对于中国具有重要的实践意义。

## 二 研究目的

欧债危机爆发至今已经过去了 9 年多时间，这段时期学者们虽然对欧债危机问题进行了大量的研究，但是都没能从根本上解决问题。欧债危机的本质是货币危机，是欧元的危机。但是现有的研究很少有从货币角度来探析欧债危机的。基于这种背景，本书从欧元的视角出发，研究探讨欧元国际化对欧债危机的影响，希望能够揭示欧债危机的货币本质。具体来说，本书的研究目的主要包括以下几个方面。

（1）在分析欧债危机爆发和发展历程的基础上，从欧元区国家财政政策与货币政策不匹配、经济增长长期乏力、福利超载、国际金融危机的冲击等方面分析欧债危机的影响因素，从而确定欧债危机受欧元国际化的影响很大，欧债危机的本质是欧元的危机。

（2）欧元本身是一种超主权货币，欧元区也仅是一个货币联盟，虽然实施了统一的货币政策，但在政治上并不统一，加之欧元区国家间经济发展不平衡，欧元的诞生对美元形成了竞争，不可避免地遭到了美国的打压。这些都给欧元国际化带来了隐患，也是导致欧债危机爆发的主要原因。本书的研究目的之一就是分析欧元国际化的不足和隐患，分析欧洲央行建立后存在的制度缺陷。进一步论证正是欧元的诞生使欧元区成立了欧洲央行，而正是欧洲央行的这些制度缺陷导致了欧元区国家财政政策与货币政策不统一，宏观调控政策失效，政府债务负担过于沉重，最终导致了欧债危机的爆发。

（3）研究欧元国际化影响欧债危机的路径和机制。首先给出了欧债危机的传导路径，在此基础上，指出欧债危机的本质是货币危机，欧债危机的根源是信用危机。然后，进一步分析欧元国际化影响欧债危机的机制和路径。

(4) 现有从货币因素视角研究欧债危机的文献较少，采用实证分析的更为鲜见。本书通过建立计量模型，试图采用实证分析的方法验证欧元国际化导致了欧债危机的爆发，欧债危机的本质是欧元的危机。

(5) 随着人民币国际化进程的不断推进，中国参与东亚金融货币合作的程度越来越深，面临的问题也越来越多。同时，中国的地方债问题也较为严重。这些问题的解决都可以从欧债危机的爆发和治理中获取经验和教训，这也是本书的研究目的之一。

## 三　研究意义

### (一) 理论意义

欧债危机爆发至今，中外学者们采用各种理论和方法研究了欧债危机的成因、发展、治理和趋势，以探求治理欧债危机的有效方法，相关研究文献很多。但是9年多的时间过去了，虽然欧盟、欧洲央行、欧元区国家等采取了一系列的政策措施来治理欧债危机，但是成效一直不显著，这些年来欧债危机一直困扰着欧元区国家，制约着欧洲经济的发展。欧债危机治理效果欠佳，主要在于现有的治理方法没有从欧债危机的真正元凶——欧元出发，相应的政策措施都是治标不治本，难以从根本上解决欧债危机的根本性问题。本书从欧元国际化的角度探讨欧债危机爆发的根本原因，并从理论分析和实证分析两个方面研究了欧元国际化影响欧债危机的机制和路径。而现有的研究文献中鲜有从货币因素研究欧债危机的成果，因此，本书的研究内容相对于现有的相关研究成果来说具有一定的创新，而且为债务危机理论、经济危机理论和货币国际化理论都提供了一定的理论支撑。

### (二) 现实意义

本书从欧元国际化的角度探析欧债危机爆发的本质和根源，分析欧债危机爆发的各种影响因素，欧元国际化影响欧债危机的机制和传导路径。本书的研究揭示了欧债危机的货币本质，探析了欧元国际化导致欧债危机爆发的具体路径。这对于当前欧元区国家治理欧债危机具有重要的启示，若从欧元的角度来制定相应的政策措施，从根本上解决问题，治理欧债危机将更有成效。同时，研究欧债危机的货币因素，借鉴欧债危机和欧元国际化的经验教训，也对当前中国促进区域金融货币合作、加强地方债务治理、强化金融监管和推进人民币国际化进程有着积极的实践意义。

## 第二节　本书研究思路和方法

### 一　研究思路

现将本书的研究思路梳理如下。欧元作为一种超主权货币，本身就是货币一体化和国际化的混合产物，其诞生的过程就是货币国际化的过程。欧元诞生后，欧元区国家都放弃了各自的货币主权，使用唯一的货币——欧元。这就需要一个超国家的银行来对欧元进行管理，欧洲央行应运而生。欧洲央行成立后，欧元区国家采取了统一的货币政策，但是各国财政政策依然独立。货币政策统一、财政政策独立，导致欧元区国家的宏观经济调控政策失效，应对国际金融危机冲击的能力减弱；而且货币和货币政策的统一，使得希腊等国产生了债务错觉，导致福利超载，政府债务负担不断增加；货币政策的统一，导致本就经济发展不平衡的欧元区国家之间，特别是北欧和南欧国家之间经济差距不断扩大。欧洲央行也没能承担起最后贷款人的责任，缺乏有效的金融监管和债务救助机制。加之欧元诞生后，对美元的国际货币霸主地位造成了威胁，遭到了美元的打压。三大信用评级机构和高盛等国际投资机构的落井下石，背后也都有美国的影子。这些因素共同导致欧元区国家政府债务负担不断增加，最终率先在希腊爆发了主权债务危机，又由于应对措施不力，导致欧债危机不断蔓延，时至今日也没能得到根本性的治理。当前，中国人民币国际化进程不断加快，参与东亚金融货币合作的程度不断加深，中国地方债务问题也较为突出，分析欧元国际化导致欧债危机的爆发和蔓延，借鉴欧债危机的治理措施，对于中国解决面临的这些问题具有重要的启示。

## 二 研究方法

### （一）理论与实际相结合

本书将经典债务理论、危机理论和货币国际化理论同欧元区债务国的现实情况相结合，具体分析欧债危机爆发的根源、欧元国际化影响欧债危机的路径和机制，并指出了欧债危机救助措施存在的不足。最后，结合中国的实际情况，给出了欧债危机对中国的启示。

### （二）规范分析与实证分析相结合

本书从欧元国际化的历程及存在的不足出发，研究欧元国际化影响欧债危机的机制和路径。并通过面板数据模型等实证分析方法检验了欧元国际化对欧债危机的影响。通过规范分析和实证分析的结合，本书验证了欧债危机的本质是欧元的危机。

### （三）对比分析

本书通过对欧洲主要债务国之间的对比、欧元国际化和人民币国际化的对比，分析了欧债危机的货币国际化因素，指出欧债危机的本质是货币危机，是欧元的危机。并结合中国的实际情况，探寻了可供促进中国区域金融货币合作、加强地方债务治理和推进人民币国际化进程借鉴和吸取的经验教训。

## 第三节 本书研究内容

根据研究的需要，本书的内容共分为九章，各章的主要研究内容如下。

第一章为绪论，首先提出了本书的研究背景、研究目的和本书的理论意义、现实意义。然后，给出了本书的研究思路、研究方法和主要内容，并指出了本书的主要创新和不足之处。

第二章为相关概念界定、理论基础及文献综述。本章首先对欧元、欧元国际化、欧洲主权债务危机等概念进行了解释和界定，阐明了本书相关概念的研究范围。其次，本章又分别梳理了债务危机理论、货币危机理论和货币国际化理论，为本书的后继研究奠定了理论基础。最后，本书对现有的研究文献从欧洲主权债务危机的本质、欧洲主权债务危机的内部原因和外部原因、欧洲债务危机的深层根源、欧洲主权债务危机的主要应对措施、欧债危机的影响以及欧元的前景等方面进行了综述。

第三章为欧债危机的发展历程及主要影响因素。本章首先论述了欧债危机的爆发和欧债危机的发展历程，并从欧元区国家财政政策与货币政策不匹配、经济增长长期停滞、福利超载、国际金融危机的冲击等方面分析了欧债危机的影响因素，从而确定欧债危机受到欧元国际化的影响很大，欧债危机的本质是货币危机，这为第四章的研究奠定了基础。

第四章为欧元国际化对欧债危机的影响。本章首先分析了欧元国际化的发展历程及其存在的不足，并分析了欧洲央行建立后的积极影响及其存在的制度缺陷和金融监管不足等问题，正是欧洲央行的这些制度缺陷导致了欧元区国家财政政策与货币政策不统一，宏观调控政策失效，政府债务负担过于沉重，最终导致了欧债危机的爆发。

第五章为欧元国际化影响欧债危机的路径和机制。本章首先给出了欧债危机的传导路径，在此基础上，指出了欧债危机的本质是欧元的危机，欧债危机的根源是信用危机。然后分析了欧元国际化影响欧债危机的机制，本书认为，欧元的国际化导致欧元区国家货币政策的独立性消失，进而导致汇率调节机制失效；欧元国际化导致国别化的宏观经济调控机制失衡；欧元国际化引致的债务错觉导致危机救助机制失灵。这些共同导致了欧债危机的爆发和欧债危机治理措施的失效。

第六章为欧元国际化影响欧债危机的实证分析。鉴于欧债危机问题本身是一项复杂的经济难题，欧元区各国债务水平的增减不仅受到欧元国际化程度的影响，更受制于欧元区经济发展水平、外汇储备水平、货币供应量、贸易水平等多方面因素的作用，本书将选择具有代表性的控制变量，剥离非欧元国际化因素，利用面板回归模型，对二者的相互作用关系加以刻画。本书选取的自变量为欧元国际化水平的测度，因变量为欧债危机的测度，控制变量为贸易差额、国内生产总值增长率、货币供应量 M2、消费者信心指数。通过实证分析可以发现，欧元国际化对欧债危机具有显著的影响。

第七章为欧债危机对中国的影响。欧债危机爆发以来，对于中欧经贸关系、中国金融业发展和中国出口企业都产生了一定的影响。从中欧经贸关系来看，在未爆发欧债危机以前，欧盟是中国最重要的贸易伙伴，但自受到危机的影响，中欧贸易在中国对外贸易的重要性开始下降。欧债危机的不断深化，使得中国国内外经济和金融的形势趋于复杂化，对金融市场和金融机构都产生了不利的影响，金融市场动荡导致股价波动巨大，风险加剧。欧债危机导致中国对欧盟出口增长速度减缓。欧盟市场需求疲软导致整个中国企业对欧盟的出口受到很大影响。中国对欧盟的出口额虽仍在增长，但是速度出现了不断放缓的趋势。

第八章为中国地方政府债务的成因及风险。随着中国市场经济体制改革的不断推进和政治环境的不断完善，中国地方政府职能也随之发生了转变。地方政府为了适应国际和国内经济环境的改变，一方面需要对经济结构进行优化调整，另一方面也需要加快社会基础设施的建设，运用多种融资方式，多方位、多渠道进行建设资金的筹集。这确实推动了地方经济和社会事业的发展，但也因为中央政府对各级地方政府缺乏有效的立法规范和必要的监管，各级地方政府间逐渐形成了多头、无序甚至无节制的融资局面，部分地方政府超规模举债，这些直接导致地方政府显性或隐性债务负担的日益加重。部分地方政府因为财力窘迫，待偿债务不断累积增多，债务风险日益突出，对地方经济和社会发展已经产生了较多的负面影响。

第九章为欧元国际化和欧债危机对中国的启示。本章首先分析了欧债危机对欧元区的影响，然后研究了欧债危机暴露出的欧元和欧元区的问题，探讨了欧债危机爆发后欧元区的治理措施，在此基础上，结合中国当前人民币国际化进程加快、参与东亚金融货币合作的程度不断加深、地方债务问题较为严重等实际情况，借鉴欧债危机的经验教训，提出了中国应该采取的策略措施。

## 第四节　本书主要创新和不足

### 一　主要创新

#### （一）研究视角的创新

现有的大量研究文献从各种理论视角分析了欧债危机问题，如国际资本流动理论、金融监管理论、中央银行理论、经济金融危机理论、信用理论等，但较少有文献系统地从货币国际化视角进行研究。而欧债危机实际上是欧元的危机，本质上是货币危机。因此，本书基于货币国际化的视角，从货币因素方面来分析欧债危机，分析欧元存在的不足，论证欧元国际化影响欧债危机的路径和机制，从根本上揭示欧债危机的根源，在研究视角上具有一定的创新。

### （二）研究方法的创新

现有研究欧债危机的货币因素的文献很少，而且多是从理论上进行的分析，利用计量模型进行实证分析的很少。本书选取了适当的变量，通过面板数据模型实证分析了欧元国际化对欧债危机的影响，验证了欧债危机的本质是货币危机，是欧元的危机。与现有的文献相比，在研究方法上具有一定的创新。

## 二　存在的不足

欧债危机爆发的原因错综复杂，现有文献从各个方面对此进行了大量的研究，但是基于货币国际化视角进行的研究还较少，而且不够系统。本书从欧元国际化视角进行研究，因为从这个角度进行研究的文献资料较少，这给本书的研究带来了困难，导致本书的研究可能不够全面详尽。而且由于作者水平有限，分析过程也一定存在一些不够深入之处。

# 第二章
# 相关概念界定、理论基础及文献综述

## 第一节 相关概念界定

本书的研究涉及欧元、欧元区、欧元国际化和欧债危机等概念，现有的研究文献对这些概念的界定存在争议。为了避免混淆，本节对这些概念进行了界定厘清，以确定本书的研究范畴。

### 一 欧元

欧元是当前欧元区国家通用货币的名称。1969 年，欧共体在海牙会议上提出了建立欧洲货币联盟的设想；1979 年，欧洲货币体系建立，欧洲货币单位“埃居”诞生；1994 年，欧盟①在马德里会议上决定用欧元取代埃居，欧元被确定为欧洲单一的货币名称；1999 年 1 月 1 日，欧元启动；2002 年 1 月 1 日，欧元正式进入流通领域代替欧元区国家货币进行流通；2002 年 7 月，欧元区国家的原有货币都退出了流通领域，欧元成为欧元区唯一流通的货币。但欧元区各国在政治上是彼此独立的，都拥有自己的中央银行，为此，欧盟成立了欧洲央行并联合欧元区国家的央行对欧元进行管理，但只有欧洲央行具有制定货币政策的权力，欧元区国家实施统一的货币政策。

同美元和日元的国际化过程相比，欧元作为超主权货币，其国际化过程具有特殊性，欧元的一体化和国际化是同时推进的，欧元的诞生是货币一体化和货币国际化的混合产物。欧元的出现，统一了欧元区的货币，加快了欧元区内部商品和资金的流动，减少了以往各国货币兑换和佣金的损失，降低了欧元区各成员国企业的成

---

① 欧洲联盟，简称欧盟（EU），是欧洲多国共同建立的政治及经济联盟，总部设在比利时首都布鲁塞尔，该联盟现拥有 28 个成员国，有正式官方语言 24 种。

本，提升了各国企业的产品竞争力。由于使用统一的货币，欧元区的物价和利率水平总体下降，这就促进了消费，改善了企业的投资环境。而且，欧元的出现，结束了过去欧盟内部各个国家货币利率的差别和汇率变动所带来的欧盟内部金融秩序的混乱，减少了欧元区经济贸易流通的成本，对于金融风险具有一定防范作用。欧元带来的这些积极影响，增加了欧元区国家的经济实力和国际竞争力。欧元问世后，其影响力越来越大，逐渐成为能够与美元进行竞争的第二大国际货币，对国际经济形势也产生了很大的影响。比如，用欧元替代美元标价石油、欧元持续升值动摇美元的世界清算货币地位等，这些都对国际政治经济局势产生了深远的影响。但也正是欧元的诞生、欧洲央行的成立，导致了欧元区国家货币政策与财政政策不统一的问题。欧元区国家只是货币联盟，政治上独立，经济政策和政治主张存在矛盾，再加上 2008 年国际金融危机的冲击，这些都导致了欧债危机的爆发，而且也正是这些原因，导致欧债危机的治理效果一直不佳。

## 二　欧元区

欧元区是指欧盟中统一使用唯一货币——欧元的国家所构成的区域。当前，欧元区共包括 19 个国家，分别为德国、法国、意大利、荷兰、比利时、卢森堡、爱尔兰、西班牙、葡萄牙、奥地利、芬兰、立陶宛、拉脱维亚、爱沙尼亚、斯洛伐克、斯洛文尼亚、希腊、马耳他、塞浦路斯。欧盟国家要想加入欧元区需要满足以下几个条件：一是年度政府财政赤字必须控制在 GDP 的 3% 以下；二是国债必须要保持在 GDP 的 60% 以下或正快速接近这一水平；三是要求价格稳定，通货膨胀率不得比三个最佳成员国上年的通货膨胀率高出 1.5%；四是长期名义年利率不超过上述通胀表现最好的三个国家的平均长期利率 2 个百分点；五是本国货币至少在两年内必须维持在欧洲货币体系的正常波动幅度以内（蔡恩泽，2012）。欧盟各国是否加入欧元区采取自愿的原则，只要达到了上述标准就可以加入。但是并不是所有的欧盟国家都希望加入欧元区，比如英国、丹麦、瑞典等国家就没有加入欧元区。而且，有些国家加入欧元区后对上述标准就不认真执行了，对自己的约束较少。比如希腊，正是违背了上述标准，导致国家政府债务不断增加，最终演变成了欧债危机。

当然，欧元作为当前世界第二大国际货币，其流通区域并不仅限于欧元区国家，其已经成为当前世界的主要储备货币和国际计价货币。只是欧元区把欧元定为唯一的流通货币。

## 三 欧元国际化

货币国际化是指能够跨越国界，在境外流通，成为国际上普遍认可的计价、结算及储备货币的过程。货币国际化的过程一般分为四个阶段，第一阶段是经常项目下国际收支可自由兑换，即政府不限制私人部门为了商品和服务贸易而进行的本外币之间的兑换；第二阶段是资本项目可自由兑换，即政府不限制私人部门为了金融交易和投资而进行的本外币之间的兑换；第三个阶段是政府推动本币国际化，使其成为其他国家可接受的交易、投资、结算和储备货币；第四个阶段是充分可兑换阶段，即政府允许境内居民在不进行跨国交易时可自由进行本外币的兑换。

一个国家的货币国际化之后，拥有了发行国际货币的权力，受其他国际货币的影响就会减少，该国货币政策的独立性就会增加，抵御外部冲击的能力就会增强。而且一国货币国际化能够增加该国在国际贸易中的话语权，使其获得更多的经济和政治利益，改善该国的对外贸易条件，使该国在国际贸易中享受更多的便利条件，获得更多的利益。此外，一国货币国际化还能够给该国的金融机构带来更多的业务收入，促进该国的城市发展成为世界金融中心。总之，货币国际化能够带来很多好处，因此，世界各经济大国都努力推进本国货币的国际化进程，以便获取货币国际化的巨大利益。但是，一个国家的货币若想国际化，首先是其经济要国际化，货币国际化是经济国际化在货币上的反映，而若想经济国际化，该国的经济规模就要在全球总经济中占有较大的比重。Chinn 和 Frankel（2005）的研究显示，若某个国家的 GDP 在全球 GDP 中的比重上升 1 个百分点，则长期来看，该国货币在各国中央银行外汇储备中的比例就会上升 2.2 个百分点。例如，美元国际化的进程中就伴随着美国 GDP 占全球 GDP 的比重由 10% 升到 20% 的过程；同样，日元国际化的过程中也伴随着日本 GDP 占全球 GDP 的比重由 7% 升至 16% 的过程。其次，一个国家的货币若想国际化，该国的贸易规模也要达到一定的程度。按照国际惯例，贸易中的计价货币主要选择的是出口方的货币，货币国际化是贸易发展的客观要求，若一个国家的对外贸易规模占世界总贸易规模的比重较大，该国货币的国际化进程就会大幅度加快。最后，一个国家的货币若想国际化，该国的通货膨胀率和名义有效汇率的波动幅度就要小，以保证该国货币的币值稳定，增加其他国家把这个货币当作国家储备货币的信心。同时，一国要想实现货币国际化，还要求这个国家要有完善的金融结构和开放的资本市场，以保障货币可自由兑换。

当前，美元、日元、欧元都已经完成了货币国际化的过程，但这三种货币的国际化历程也各不相同。美元的国际化有其特殊的历史背景，在黄金本位制向现代信用货币过渡的时期，美元先是根据当时的全球货币汇率制度成为国际唯一的计价货币单位，并与黄金同样成为国际储备货币。布雷顿森林体系崩溃后，美元与黄金脱钩，但是凭借存量优势，美元在世界货币体系中仍占据优势。此后，美国的政治经济实力不断增强，美元也随之成为国际化货币。日元的国际化是依靠日本经济的强劲发展和金融改革的不断深化完成的。随着日本经济实力的不断攀升，日本的对外贸易规模不断扩大，日元在国际贸易中的使用量越来越大，随着经济全球化、贸易自由化、资本自由化的发展，日元逐渐成为国际经贸活动中普遍使用的货币，并在国际储备货币中所占的比例不断增加，日元完成了国际化过程。

欧元国际化的进程主要分为三个阶段。第一阶段是 1994 年至 1998 年，因为欧元不是单一国家货币，欧元区国家需要为欧元的产生准备相应的法律法规，这个阶段主要是欧元相应法律法规的准备阶段；第二阶段是 1999 年至 2002 年，欧元在欧元区国家开始计价和流通，欧元区形成了统一的资本市场；第三阶段是 2002 年以后，欧元成为欧元区唯一的合法货币，原欧元区 12 国的货币退出了流通领域。与美元和日元不同，欧元不是单一国家的货币，而是一个超主权货币。从欧元国际化的进程可以看出，欧元是货币国际化和区域一体化混合的产物，欧元在诞生过程中就把货币国际化的四个过程同时完成了。欧元是欧元区国家在让渡货币主权的基础上，通过加权本已经国际化的德国马克和法国法郎形成的一篮子货币，从其诞生的第一天起就成为世界第二大国际货币。欧元的诞生标志着欧元国际化的基本完成，欧元本身就是一种国际化货币（黄杨，2019）。欧元国际化的实质是欧元区国家把德国马克、法国法郎等国际货币整合为一种新的国际货币——欧元，并在国际贸易结算、资产定价、外汇储备的使用过程中提升其国际地位的过程。因此，本书认为欧元诞生的过程就是欧元国际化的过程。与美元和日元相比，欧元只用了 10 年左右的时间就完成了国际化过程，用时是最短的。从欧元国际化的模式来看，欧元国际化是区域货币一体化和国际化的混合，是欧元区各国为了本地区的政治、经济利益，让渡了本国的货币主权，形成了欧元这一单一的区域货币。虽然欧元的国际化提升了欧元区的经济实力，增加了其政治影响力，但是欧元区各国政治上的不统一，经济发展水平的不平衡，也给欧元国际化埋下了隐患，导致了欧债危机的爆发和蔓延。

## 四 欧洲主权债务危机

欧债危机，全称为欧洲主权债务危机，是指 2009 年在希腊率先爆发，随后蔓延到欧元区部分国家的主权债务危机。欧债危机爆发的直接原因是希腊等国家的政府债务负担过重，超过了自身的承受范围，造成了违约风险。2009 年 10 月，希腊宣布当年财政赤字占 GDP 的比例超过了欧盟给欧元区国家设定的标准上限 3%，达到了 12%，欧债危机率先在希腊爆发。欧元区内部协调机制不健全，各个成员国和机构对于救助希腊分歧不断，造成救助希腊的计划迟迟没能出台，错过了救治欧债危机的最好时机，导致欧债危机不断蔓延。此后，西班牙、葡萄牙、爱尔兰、意大利也先后爆发了主权债务危机，欧债危机在欧元区国家全面爆发。

欧洲主权债务危机的爆发是欧元区国家产业结构不平衡，实体经济空心化，经济发展脆弱；人口结构不平衡，逐步进入老龄化社会；刚性的超过经济发展水平的社会福利制度；危机救助不及时，国际信用评级机构落井下石等因素共同作用的结果，这些因素导致欧元区国家政府债务负担过重，最终引起了违约风险，爆发了债务危机。对于欧债危机爆发的详尽原因，本书将在后继章节中进行详细论述。迄今为止，欧债危机还没得到根本性治理，未来欧债危机如何演变也不可预知。探析欧债危机的深层次原因，将对危机的治理具有重要的借鉴意义。

## 第二节　理论基础

本书研究的是欧元国际化对欧债危机的影响，在后继研究中要用到债务危机理论、货币危机理论和货币国际化理论等，因此，本节对这些基本理论进行简要概述。

### 一　债务危机理论概述

债务危机（debt crisis）是指某个国家在国际债务领域大量借债，一般包括主权债和私人债，这些债务超出了该国政府的清偿能力，导致债务到期不能被按时清偿或者需要延期偿还。债务危机一般表现为以下几种形式。

第一，外债规模过大。一个国家借入的外债需要有个适度的规模，若没有国内资金和其他条件的配合，借入过多的外债会导致政府债务过重，爆发债务危机。国际上一般用偿债率作为控制借入外债规模的标准，外债的偿还主要依靠一国的出口创汇能力，若出口创汇能力强则可以扩大借债的规模。也就是说，若一个国家想要扩大借债规模，必须要提高出口创汇能力。但若外债增长率持续高于出口增长率，则表示该国外债规模过大，容易引发债务危机。理论上来说，一个国家应该把一年的债务还本付息额控制在出口收入的20%以下，若超过了这个比例，则存在爆发债务危机的危险。

第二，外债结构不合理。若一个国家外债结构不合理，也会增加爆发债务危机的风险。外债结构不合理主要表现为以下几个方面。一是商业贷款比例过大。商业贷款一般期限较短，若一个国家经济发展态势良好，国际银行就愿意不断给予其贷款，这些国家就可以用借新债还旧债的方式利用贷款促进发展。可是一旦该国经济或者政治出现不稳定的情况，比如巨额贸易逆差、巨额贸易赤字、政局不稳定等，国际银行就会不愿意再贷款给这个国家，这个国家就得自己偿还债务，而一旦这个国家出现了这种情况，不但国际银行不会看好他，市场其他参与者也会对其谨慎对待或者失去信心，导致该国汇率下降，这时再进行大规模还债，就会导致外汇资金大幅度流出，从而造成该国外汇储备不足，引发债务危机。二是外债币种过于集中。若某个国家的外债主要集中在一两种币种上，当这一两种货币升值时，该国的外债就会增加，进而增加了其偿还外债的困难。三是外债期限结构不合理。外债期限结构是指一个国家的外债总额中短期和中长期外债的构成比例。若外债期限结构不合理，例如短期债过多，就会导致偿债时间过于集中，增加其偿债的困难，引发债务危机。

第三，外债使用不当。一个国家借入外债后应该适当使用，以保证外债发挥最大的效益，保障偿还外债的能力。短期来说，外债清偿能力取决于出口创汇能力。长期来看，外债清偿能力则取决于该国的经济增长率。因此，一个国家借入外债后，要考虑到如何利用外债提高经济增长率和出口率。若借入的外债使用不当，例如，把外债投入到大的建设项目中，而这些项目耗费巨大的人力物力资源，工期长，见效慢，短期内难以促进经济增长和提高出口创汇能力，这样就会使得该国外债积累增加。或者有些国家把借入的外债不投入生产领域或者资本货物的进口方面，而是用于进口奢侈品和耐用消费品，这些外债根本就没有增加经济增长率和提高出口创汇能力，这也会导致外债偿还能力降低。还有一些国家把借入的短期外债投入到虚拟经济领域，比如股票市场和房地产市场，形成了资产价格泡沫，一旦泡沫破灭，则会引发债务危机。

第四，外债管理和控制不当。一个国家对借入的外债要进行有效的管理，对于外债的借入、使用和清偿，政府各部门都要进行协调管控，提高外债的收益，减少外债的风险。若政府不适当管控外债，则会引起多头举债、外债规模失控、债务结构不合理、外债使用不当等问题，而且若外债管理混乱，政府将不能及时掌控外债的发展情况，不能及时调整外债政策，外债风险就会不断增加，当政府意识到风险的时候可能为时已晚，债务危机已经爆发。

第五，外贸形势恶化。若一个国家的外贸形势持续恶化，出口创汇能力就会降低，外债的偿还能力就会减弱。同时，当一个国家的外贸形势恶化时，经常项目逆差就会扩大，增加了其对外资的依赖程度。这时国际投资者如果对该国的经济发展前景不看好，停止对其贷款或者拒绝其延期偿付贷款，就会导致债务国偿债负担过重，引发债务危机。

一旦某个国家爆发了债务危机，将对这个国家的经济和社会发展造成严重危害。其危害主要表现在以下几个方面。

第一，国内投资规模大幅降低。首先，当某个国家爆发债务危机后，为了偿还债务，该国就必须大幅压缩进口以获取外贸盈余，这样就会导致该国对经济发展所需要的技术、设备和原材料等资源的进口大幅减少，导致生产企业投资萎缩，影响正常的经济发展。其次，当某个国家爆发了债务危机，其国际信用评级就会下降，从国际资本市场借入债务的困难就会加大，而且国际投资者也不会给爆发债务危机的国家投资。这些都会减少债务危机国家外来资金的进入，从而使该国不能得到充足的建设资金。最后，若某个国家爆发了债务危机，该国的投资者也会撤出国内的投资，从而进一步加剧了债务负担。国内外资金的同时减少，使得该国的投资规模大幅降低。

第二，通货膨胀加剧。若一个国家爆发了债务危机，为了偿还外债该国就会压缩进口扩大出口。而且由于国内投资的减少，企业生产能力下降，企业产品主要用于出口，对国内的供给会减少。企业进口产品也会减少，导致国内市场产品供应量下降，在需求保持基本不变的情况下，不可避免地会导致物价上升，产生通货膨胀。同时，为了清偿外债，该国资金会大幅流出，政府经常会通过提高银行储蓄率和大规模发行国内公债的方式筹措资金，筹集到的资金大多数会被政府用来从民众手里换取外币来清偿外债，这就会导致国内流动性过剩，进一步提高了通货膨胀率。

第三，经济增长减慢或停滞。当一个国家发生了债务危机，就会导致资金流入减少和通货膨胀加剧，政府为此会提高利率以降低通胀和吸引外资。但是为了清偿债务，政府需要兑换大量外汇，又会使本国货币大幅贬值。企业本来由于资金减少面临生产困难，又要面临本币贬值导致的进口成本增加，这就使得企业的经营更加困难，甚至破产倒闭。企业生产的困难导致企业进口减少，投资的不足导致企业生产能力减弱，这势必会降低该国的经济增长水平，甚至会使经济出现负增长。

第四，社会动荡。当一国爆发债务危机后，会导致经济衰退，大批企业停产或者倒闭，大批工人失业。而且，较高的通货膨胀率使工人工资的购买力下降。失业人口的增加和工资收入的下降使得人们的生活陷入困境。同时，政府为了偿还外债，对国内各方面的投资都会减少，尤其是公共事业上投资的减少会进一步恶化失业人员的生活条件。这就会导致民众对政府的不满，这种矛盾一旦爆发，会引起社会的动荡不安。

第五，影响国际金融体系。一个国家若爆发了债务危机，必然会影响他的债权国。若债权国不对债务国进行救助，有可能导致债务国的银行破产倒闭，这对债务国的政治经济都会产生不利的影响。债务危机爆发国就是通过这种途径影响国际金融体系。经济大国爆发债务危机，可能会引发国际金融市场的大幅动荡。

2009 年起始于希腊的欧债危机是主权债务危机，是债务危机的一种。主权债务是指主权国家用自己的主权为担保向国际社会借得的贷款，一般借债对象为国际货币基金组织、世界银行和其他国家。主权债务多是以外币来进行计值。一旦一个国家没有能力到期清偿主权债务，就会导致主权债务危机的爆发。主权债务危机的表现形式和危害与一般债务危机类似，本书在后面章节研究欧洲主权债务危机时会对此加以论述。

## 二　货币危机理论概述

货币危机是金融危机的一种，是指由于某些原因导致某个国家的货币受到冲击，导致该种货币大幅度贬值或者该国国际储备大幅度下降的情况。一般来说，发生货币危机的原因多是人们对某个国家的货币丧失了信心，进而大量抛售该国货币，导致其急剧贬值。货币危机的程度可以用外汇市场压力指标来衡量，该指标是汇率（按直接标价法计算）月变动率与国际储备月变动率相反数的加权平均数。当该指标超过其平均值的幅度达到均方差的三倍时，就可视为发生了货币危机。中外学者们对货币危机进行了大量的研究，先后出现了三代货币危机理论。第一代理论讨论了经济基本面对货币危机的影响；第二代理论研究了货币危机本身的性质、信息与公众的信心；第三代理论重点研究了金融体系、企业等对货币危机的影响。三代货币危机理论的简要内容如下。

第一代货币危机理论是建立在某国政府在经济内部均衡和外部均衡发生冲突、政府为了维持内部均衡而采取的措施导致外部均衡丧失的基础上的。该理论假定政府为了解决财政赤字问题会无限发行纸币，央行为了维持固定汇率制度会无限抛出外汇，导致外汇储备不断被消耗，当外汇储备降低到某个临界点时，货币危机就会爆发。第一代货币危机理论认为，一个国家经济基本面的好坏决定了该国货币对外价值是否能够稳定，决定了该国是否会发生货币危机以及何时发生货币危机。具体来说，就是当某国的经济基本面不好时，为了弥补政府赤字，该国会不断扩张国内信贷，这就会导致资本流出，外汇储备减少，当外汇储备减少到一定程度时，投资者为了投机获利或者为了减少损失就会对该国货币进行投机，导致该国剩余的外汇储备被投机者购买一空，这样就会逼迫该国放弃固定汇率制度，货币危机爆发。根据第一代货币危机理论，一国政府可以根据该国的经济运行情况对货币危机发生的概率进行预测，通过调整经济状况，实施相应的财政政策和货币政策保障经济的平稳健康发展，维持民众对货币的信心，这样就可以避免货币危机的爆发。

第二代货币危机理论认为，由于固定汇率制度先天不足，实行固定汇率制度的国家容易受到投机冲击，只依靠经济政策难以完全避免货币危机的爆发，必须对资本进行管制，或者限制资本市场交易。

第三代货币危机理论是克鲁格曼在研究东南亚金融危机的基础

上建立起来的。他在单商品假定下，通过建立一个开放的小国经济模型，研究了贸易及实际汇率变动产生的影响和效应。他提出了金融过度的概念，认为当金融机构可以自由进入国际金融市场时，其自身的道德风险问题会导致证券金融资产和房地产等过度积累，导致金融泡沫发生，增加了国际金融体系的脆弱性，这就是金融过度。当受到某些外部冲击时，泡沫破灭，就会导致货币危机爆发。他又以东南亚国家为例说明了亲缘政治会增加金融过度情况，因为亲缘政治会导致政府给部分与政府有关联的金融机构和企业提供大量隐形担保，增加了这些金融机构和企业的道德风险问题，进而加剧了金融过度问题。克罗格曼还认为东南亚爆发货币危机的关键是企业的问题，而不是银行的问题。正是企业销售下滑、本币贬值和利息增加，使企业面临财务困难，而财务困难又限制了企业的投资，这些会导致经济严重衰退，引起货币大幅度贬值。在货币危机中金融体系的崩溃不是由于其前期投资的失误，而是由于高债务、低边际进口倾向和大规模外债导致金融体系脆弱，在货币危机中金融机构受到冲击而发生了崩溃。克鲁格曼（2000）还给出了防范和治理货币危机的方法，他认为，对金融体系不完善的国家来说，实际汇率的变动会对经济产生更大的冲击，引致经济衰退，因此，对于金融体系不完善的国家，最好是不持有或者少持有外币债务，这是预防货币危机最好的方法。当货币危机爆发后，应该出台紧急贷款条款，而且紧急贷款的额度必须要足够大，这样才能提振投资者的信心。同时还要对资金实施紧急管制，尽可能地避免资本外逃。

这三代货币危机理论研究了货币危机的产生和传导等问题，但是对于投资者心理预期与资本管制对货币危机的影响等方面的研究还不够充分。

## 三 货币国际化理论概述

20 世纪 60 年代以来，随着美元国际霸权地位的衰落、日元的崛起和欧元的诞生，货币国际化问题越来越引起了学者们的关注，相应地关于货币国际化的理论也不断发展成熟。Cohen（1971）最早给出了货币国际化的定义，他认为，当某国的政府或私人部门出于某种目的把本国货币的使用扩展到国外时，这个国家的货币就开始了货币国际化。在科恩的基础上，Hartmann（1998）进一步扩展了货币国际化的定义。他认为，当某个国家的货币被其他国家的机构或者个人接受并作为记账单位、交换媒介和储藏货币时，这个国家的货币就开始国际化了。蒙代尔（2003）认为，当货币流通范围超出法定的流通区域，或该货币的分数或倍数被其他地区模仿时，该货币就国际化了。现有研究货币国际化的理论主要集中在以下几个方面。

第一，一种货币如何成为国际货币。一个国家的货币要想成为国际货币需要满足以下条件。一是要满足作为国际交换媒介的条件。若没有国际交换媒介，不同国家间的贸易就得用不同的货币来进行，这就会使进行多国贸易的交易商同时持有大量的各种货币，大大增加了他们的持有成本。私人交易者一般会持有最佳的主要货币来进行外贸交易，以节约交易成本，并减少汇率波动带来的风险。随着货币交易量的增加，交易成本会逐渐降低，那么，交易成本最低的货币，也就是交易量最大的货币会成为国际交换媒介。一国货币是否能成为交换媒介主要是由各国的商品偏好决定的。若某国的商品被需求量大，出口增加，该国货币在国际贸易中的需求量就大，其在国际市场上的交易成本就小，这种货币就容易成为交换媒介。一个国家的经济开放程度越大，经济规模越大，其成为国际货币媒介的可能性就越大（Matsuyama et al.，1993）。二是要满足作为国际记账单位的条件。在国际贸易中，交易者都喜欢用本国货币计价，但是交易双方只能有一方如愿。在国际贸易中一般倾向于用生产者国家的货币作为计价单位。在国际贸易中交易双方用哪种货币进行计价是由货币供给量的变化情况决定的。对某个交易者来说，当本国货币供给变化小时，会选择生产商品的国家货币定价，而外国交易者会选择本地货币定价。当本国货币供给变化大时，本国交易者则会选择当地货币定价，而外国交易者会选择生产国货币定价。国际贸易中的交易者选择哪种货币作为计价货币主要要看汇率的波动程度，一般都会选择汇率波动程度小的货币作为计价货币，即使这种货币是第三国货币也可以，这会降低交易的成本。三是要满足一些综合的条件。一个国家的货币要想成为国际货币，还需要满足一些其他的条件。比如，Bergsten（1975）认为，一个国家的货币若想成为国际货币，还要满足一定的政治经济条件。在政治上要有强大的政治权力和国际社会的支持，在经济上要有稳定的经济增长、稳定的商品价格、发达的金融市场、独立的货币政策、较大的国际贸易规模、合理的国际收支结构及国际市场对该国货币的信心稳定。也可以用最优货币区理论解释成为国际货币的条件。最优货币区的通胀稳定、贸易一体化程度高、金融市场发达，这些能够帮助货币成为国际贸易中的记账单位、交换媒介、储藏手段，帮助货币成为国际货币。蒙代尔（2003）认为，一个国家的货币能否成为国际货币主要取决于国际市场上交易者们是否对这种货币有信心。

第二，货币国际化对本国的影响。当某个国家的货币国际化之后，会对本国产生各方面的影响。例如，在布雷顿森林体系下，美元国际化后面临着特里芬两难问题，既要保证美元按官价自由兑换黄金，维护各国对美元的信心，还要提供清偿能力。美元的国际化导致美国货币政策的独立性减弱，运用货币贬值政策的能力下降。货币国际化之后，货币发行国可以获得国际铸币税收入，而且本国金融机构的业务将增加，获得的收益也将增加。国际货币发行国获得的铸币税收入的多少由这种货币在国际上的垄断程度决定，垄断程度越高，则获取的铸币税收入越多。一国的货币国际化后，若该国采取钉住汇率制度，货币国际化可能导致国内资本大幅度流动，影响到该国对货币的控制能力，进而影响该国经济的发展。若该国采取浮动汇率制度，货币国际化会导致该国汇率大幅度波动，影响到该国经济政策效力的发挥。

第三，货币国际化的影响因素。货币国际化的过程是各国货币竞争的过程。各国的货币在国际货币体系中具有一定的等级结构，其主要由各国的经济实力强弱来决定。一国的政治、军事实力对于该国货币的国际地位具有很大影响。一国的货币成为国际货币后，会具有历史继承性。而且一国货币的国际地位与该国货币的稳定程度及可被预测性关系很大。货币国际化要依赖一国金融市场的自由化程度，只有资本能够自由流动才能为货币国际化创造合适的条件。

第四，货币替代理论。关于货币替代理论的研究起始于20世纪60年代，代表性的有马可·迈尔斯的货币替代理论、货币替代的资产组合理论和预防需求理论。迈尔斯的货币替代理论是说，人们持有货币是因为货币具有服务性功能，在给定资产约束的条件下，人们为了获取货币的最大化服务功能，持有本币和持有外币的比例主要是由这种货币的机会成本和边际收益决定的。货币替代的资产组合理论认为，在本币、债券和外币的资产组合中，货币服务的比率决定了持有本币和外币的比例，本币的服务比率越高，本币的收益越大，人们越愿意持有本币。预防需求理论认为，本币和外币的替代程度由收益率来决定，当本币债券的收益率上升时，人们对本币债券的需求就会增加，而对本币和外币的需求就会减少；当本币贬值时，对本币和本币债券的需求就会减少，而对外币的需求会增加。

## 第三节 文献综述

2009 年欧债危机爆发以后，国内外学者对欧债危机进行了大量的研究。从现有的研究文献来看，研究欧债危机问题的研究成果主要分为三大类，分别是从欧债危机的爆发原因、欧债危机的治理措施及效果、欧债危机的影响三方面进行研究的。本节将对这些文献进行梳理和总结。

### 一 欧债危机爆发的原因

欧债危机爆发后，学者们探讨的最多的是欧债危机爆发的原因。中外学者从不同的角度探讨了欧债危机爆发的原因，并相应给出了政策建议。

Michael（2003）认为，欧元区制度设计存在缺陷，这是欧债危机爆发的主要原因之一。Gros 和 Mayer（2010）认为，爆发债务危机的五国——希腊、西班牙、葡萄牙、意大利和爱尔兰都是欧元区经济发展水平较低的国家，产业结构不合理、产品竞争力弱等问题导致这些国家经济增长一直乏力，进而影响了他们财政政策的可持续性，最终爆发了主权债务危机。Noyer（2010）认为，受美国次贷危机的影响，欧元区国家出口萎缩，经济持续下滑，政府不断借债以维持就业，这导致欧元区国债利率不断攀升，最终超过这些国家政府的承受能力，爆发了主权债务危机。Grauwe（2012）认为，2008 年爆发的国际金融危机使欧洲银行受到了重创，为了救助银行，欧元区国家政府承受了很大的财政压力，银行债务转化为了政府的债务，政府债务不断积累，最终演变为了主权债务危机。

Flessbeck 和 Spiecker（2011）认为，欧元区统一的货币政策导致很多国家财政政策缺乏实质性约束，一些国家存在机会主义的财政政策，导致政府债务负担不断加重，最终演变为了债务危机。Roberts 和 Forster（2011）认为，由于社会福利具有刚性特征，在经济疲弱的时期欧元区国家政府借债维持社会高福利，最终导致希腊等国政府债务负担过重，爆发了债务危机。Deroose 等（2011）认为，欧债危机和美国 2008 年次贷危机之间存在内部的联系，正是次贷危机的外溢效应导致了欧债危机的爆发。王菊红、魏冬（2013）认为，2008 年金融危机爆发前，欧元区经济发展的良好表现，吸引来了很多国外资本，当受到金融危机冲击时，国际资本大量流出，导致欧元区一些国家政府融资链条断裂，政府债务负担不断加重，最终爆发了债务危机。Arezki 等（2011）分析了国家信用机构对欧债危机的影响后认为，希腊主权债务危机爆发后，标准普尔等国际评级机构不断下调希腊等国的主权信用评级，引发了市场恐慌，导致这些国家融资成本不断提高，政府债务负担加重，最终演变为了债务危机。Krugman（2011）认为，欧元具有固有的缺陷，使得欧元区并不是最优货币区，这也是导致欧债危机爆发的深层次原因。Marzinotto（2011）也认为，欧元区建立的理论基础是蒙代尔的最优货币区理论，但是欧元区存在内在的不对称性，并不是最优的货币区，从而为欧洲主权债务危机的爆发埋下了隐患。Krugman（2012）认为，欧洲央行机制僵化，不能对欧债危机做出及时准确的判定和救助，错过了最好的救助时机，导致了欧债危机不断恶化和蔓延。

Amrtya（2012）认为，欧债危机实质上是政治危机而不是经济危机，是欧盟的政治活动和欧元区各国家的政治活动矛盾日益突出的体现。徐明棋（2012）认为，欧洲央行的救助乏力，最后贷款人职能缺失，导致金融市场动荡，最终引发了欧债危机。Nowotny（2012）认为，由于货币的统一，一些欧元区国家错误地认为其扩张性财政政策会由整个欧元区国家共同承担，进而稀释风险。这导致希腊等国无节制地扩张财政，最终爆发了债务危机。Cooper 等（2010）也认为，一些国家错误地认为欧元统一能降低债务风险，产生了债务错觉，大举借债，债务危机爆发后还高估了其他国家对其的救助力度，最终导致债务危机不断恶化蔓延。伊藤诚（2012）认为，2008 年全球金融危机的爆发，导致欧元区国家经济下滑、失业率维持在高位，政府不得不继续扩张财政，这使得政府债务不断增加，最终爆发了债务危机。金融危机是欧债危机爆发的主要影响因素。项松林（2012）认为，欧元区财政政策和货币政策的分离最终引发了欧债危机。

尼古拉斯·维纶（2013）认为，欧债危机爆发的主要原因是希腊等国政府没能力从市场继续获得融资，导致政府债务不能持续，最终爆发了债务危机。杨扬（2013）认为，是因为希腊等国福利超载、经济结构不合理、财政政策失效等问题最终导致了债务危机的爆发。向国成、曾祥炎（2013）也认为，希腊等国家福利长期超载，而且随着这些国家债务的持续积累，他们的市场信用会不断下降，从市场上获取融资的成本会越来越高，最终导致债务危机的爆发。丁建臣、林凤萍（2013）认为，欧元的诞生导致欧元区国家之间风险溢价消失，德国、法国等国家的资本盈余转化为了希腊等国家的债务，导致这些国家债务不断积累，最终爆发了债务危机。虽然表面上看是美国次贷危机引发了欧债危机，但实际上欧元区国家政治制度、经济制度、社会制度、监管制度、欧洲央行制度等的缺陷和经济结构之间的矛盾才是欧债危机爆发的根本性原因。杨力、任嘉（2013）认为，欧洲央行实施的名义汇率与各个国家的实际汇率之间存在差异。希腊等国家的实际汇率较高，导致他们的对外贸易收支不断恶化，国际贸易收支的持续逆差最终转变为了这些国家的财政赤字，政府债务不断增加，最终引发了欧债危机。石清华（2013）认为，欧元区货币政策统一和财政政策分散的特点导致一些国家实行机会主义的财政政策，导致财政支出不断增加，债务不断积累，风险不断集聚，最终引发了债务危机。胡琨等（2013）认为，欧元区国家对银行业的监管结构和监管模式各不相同，彼此间监管合作协调也不够，造成了欧元区国家银行业监管的不足，导致欧元区国家银行体系比较脆弱，受到美国次贷危机的影响爆发了银行业危机，这也是欧债危机爆发的主要原因之一。王巍巍（2013）认为，欧债危机是因为欧元区经济的快速发展与区内国家政治合作发展滞后造成的，要想整治欧债危机，就要进一步加快欧元区国家间的政治合作步伐。吴帆（2013）认为，人口结构与经济结构、政治结构的失衡是欧债危机爆发的主要原因。人口老龄化严重，抚养比过高、劳动年龄人口比重下降等因素都导致希腊等高福利国家政府债务负担过重，经济长期低迷。同时，这些因素也要引起中国的重视。

方琳（2014）等认为，国际评级机构不断降低希腊等国的主权信用评级，致使这些国家的国债收益率不断攀升，增加了这些国家的融资困难，最终爆发了债务危机。张建君、郝全洪（2014）认为，由于欧元与美元的竞争动摇了美元的世界霸主地位，美国因此借助国际评级机构等引发了欧债危机，欧债危机是欧元与美元对抗的结果。唐云峰（2014）认为，欧债危机本质上是欧元的危机，这种危机在欧元区现行的经济、政治体制下很难得到解决。赵儒煜、阎国来（2015）认为，欧元区统一市场的建立导致欧元区国家经济实力强弱持续分化，经济弱国，比如希腊等国，产业被固化在最低层，导致这些国家财政能力持续减弱，最终爆发了债务危机。刘震、张祎嵩（2015）从马克思主义政治经济学的视角研究了欧债危机爆发的原因，他们认为，政治经济政策的失效是欧债危机爆发的主要原因。余慧倩（2015）也认为，由于欧元区国家经济基础差异较大，实施统一的货币政策导致希腊等国家名义利率和实际利率差别较大，这加剧了这些国家政府的债务负担，最终爆发了债务危机。何丽芬、许丽娜（2015）认为，对于希腊等爆发欧债危机的国家，家庭债务会对经济增长在短期内具有促进作用。但是在长期，家庭债务规模高而政府债务规模低的国家，比如爱尔兰、西班牙和葡萄牙，家庭债务对经济增长有促进作用，而在家庭债务规模低而政府债务规模高的国家，比如希腊，家庭债务对经济增长则有不利影响。陈欣（2015）认为，欧元区国家虽然在《稳定与增长公约》中给出了政府预算赤字不超过 GDP 的 3% 的上限标准，但是这个标准对欧元区国家的约束力不大。希腊等国家的财政纪律松散，欧债危机则是从这些国家突破这个标准后开始爆发的。熊厚（2016）认为，欧洲经货联盟的非对称制度设计，即货币统一而经济分散，具有明显的制度性缺陷，这是导致欧债危机爆发的主要原因之一，欧洲经货联盟的发展与欧洲经济一体化的发展具有重要的关联。韩永辉、邹建华（2016）分析了产业空心化对于欧元区国家实体经济的影响。他们认为，产业空心化导致欧元区国家实体经济停滞、失业加剧、虚拟经济膨胀，在外部冲击下政府就会陷入债务危机中，产业空心化是欧债危机爆发的根源。

## 二 欧债务危机的治理效果

随着欧债危机的蔓延，虽然欧盟、欧洲央行、国际货币基金组织、欧元区各国都采取了各种措施治理危机，但是效果并不太好，学者们对此也进行了大量的研究。

王艳（2011）认为，由于欧债危机的蔓延，欧元区外围国家的财政、债务问题不断恶化，一些欧元区核心国家的债务水平也达到了债务危机爆发的条件，若欧债危机不能得到有效的治理，主权债务危机将进一步蔓延和恶化。Schneider（2012）认为，国际货币基金组织在救助欧债危机的过程中采取一刀切的紧缩性政策，不但对于促进希腊等国家的经济增长没有作用，反而会进一步加剧债务危机的恶化。徐明棋（2013）认为，欧债危机暴露了欧元区制度设计上的缺陷和欧盟经济的脆弱性，狭义的欧债危机在欧洲央行的注资下已经得到了缓解，但是欧洲经济的增长和制度的完善需要长期的努力。关海霞（2014）研究了德国在欧债危机中的作用，她认为，欧债危机是银行危机、社会危机和政治危机的复合体，根本原因是欧洲的经济社会结构问题，德国在欧债危机的治理过程中起着关键性的作用，但是德国在治理危机的过程中也要考虑本国的政治经济利益，这使得欧元区其他国家对德国产生了不满。周茂华（2014）认为，欧债危机在短期内很难得到解决，因为欧元区国家的福利制度、经济结构、政府债务等问题都难以在短期内得到解决，而且全球经济增长乏力也会阻碍欧债危机的缓解。

袁佳（2015）认为，欧洲央行为应对欧债危机采取了利率调节等常规货币政策和量化宽松等非常规货币政策。从效果来看，这些政策短期对稳定金融市场、减缓危机有一定效果，但是长期来看，效果并不太好，尤其是非常规的货币政策，给各国带来了资产负债表不断扩大的风险。陈欣（2015）认为，欧元区国家经济的协调性不足、经济增长长期乏力、政府负担过重等问题导致了欧债危机的持续和蔓延。谢世清、马海方（2016）认为，欧盟应对欧债危机的援助机制是以风险共同承担为基础的，在此基础上形成了多层次的救助方案，但是这种救助机制效力的发挥受到多种因素的影响，难以起到很好的作用。其还认为，以欧洲稳定机制、欧洲金融稳定基金和欧洲金融稳定机制为代表的欧债危机救助机制具有多内容、多主体、多层次和多渠道的特点，能使欧债危机风险共同分担。陈经伟、姜能鹏（2017）认为，欧元区各成员国的单位劳动成本存在较大差异，这是欧债危机爆发的内在逻辑。欧元区国家应该在劳动力要素市场上进行大力改革，缩小与德国的单位劳动成本，这样才能使债务国从根本上促进经济复苏，缓解债务压力，解决欧债问题。袁佳等（2017）认为，在救助和化解欧债危机的过程中，欧盟、欧洲央行、国际货币基金组织等应该对救助方式和时机相机抉择，以实现成本的最小化，并应该使成本分担多元化，这样才能保障救助措施的行之有效。

## 三　欧债危机的影响

由于经济全球化，当前世界各国经济联系日益紧密，欧元和欧元区对世界各国的经济影响都很大，欧债危机爆发后，不可避免地通过各种渠道影响到包括中国在内的世界各国。学者们对于欧债危机对其他各国的影响也做了大量的研究。

李京阳（2012）研究了欧债危机对中国的影响。他认为，欧债危机在短期和长期都会对中国产生一定的影响。中国应该吸取欧债危机的教训，在今后的区域经济合作和国际货币体系改革中要引以为戒。黄万阳（2013）通过建立进出口模型研究了欧债危机对中国与欧元区国家贸易的影响。他认为，欧债危机对于中欧贸易具有负面影响，但是这种影响在欧元区各国间具有很大的差异。中国应该主动制定贸易政策，调整中国的对欧贸易结构。李稻葵等（2013）认为，欧债危机对未来世界的经济和金融格局会产生深远影响，国际货币体系、金融体系和贸易格局将会产生改变。这对中国来说既是机遇又是挑战。周茂华（2014）从欧洲的人口老龄化、经济一体化和去工业化等方面研究了欧债危机的根源和走向。他认为欧债危机对发展中国家具有一定的影响，发展中国家应该制定措施加以防范和缓解冲击。杨飞（2014）通过实证分析认为，欧债危机和次贷危机一样都具有传染效应，但是欧债危机对于新兴经济体国家的影响相对较小。由于欧债危机还没有被彻底解决，新兴市场应该谨慎对待，以免引发区域货币危机。蒋志平等（2014）通过建立多元条件相关模型研究了欧债危机对中国金融市场的影响。他们认为，相对于次贷危机来说，欧债危机对于中国金融市场的传染效应更为复杂，也会呈现出长期性特征。

陈浪南等（2015）通过构建 TVP-VAR 模型研究了欧债危机对中国就业的影响，他们认为，欧债危机对中国的就业在三到四个月影响最大，两年后影响将不复存在。欧债危机导致中国对欧元区国家的出口总额和投资额减少，对中国就业存在一定的影响。张应华（2015）通过构建一个现代信用货币制度下的政府债务可持续性分析框架，研究欧债危机和政府债务之间的关系。他认为，若一个国家的经济增长率与债务利息率和通货膨胀率之和的差持续小于零，则该国的政府债务将不可持续，最终会爆发债务危机。庞晓波等（2015）通过构建复杂网络模型，研究了欧债危机对中国的影响。他们认为，欧债危机对中国传染要先于美国，而且这种特点随着危机潜伏期的延长将更加明显。牟岚（2015）从贸易和投资方面研究了欧债危机对中欧经贸关系的影响。他认为，欧债危机对于中欧经贸关系具有较大的影响，中国应该从贸易和投资两个方面制定相应的政策，缓解欧债危机的冲击。

陈思进（2016）认为，2016 年欧洲经济由于各种因素的影响仍没有得到好转，欧债危机还没有得到很好的治理。丁纯、林熠星（2016）认为，2013 年以后，受到欧债危机的影响，虽然欧元区经济开始缓慢复苏，但是在经济领域、社会领域依然存在很多问题，从中长期来看，欧债危机有望得到进一步缓解。杨云珍（2017）认为，受到欧债危机的影响，欧洲经济增长乏力，民众对政府不满，导致了欧洲民粹主义抬头，这使得欧洲政治经济局势更加复杂多变。王明进（2017）认为，欧债危机导致欧盟长期积累的矛盾爆发出来，难民潮、民粹主义、国际恐怖主义等导致欧洲一体化进程在将来充满了艰辛和不确定性。吴晶晶（2017）认为，在后欧债危机时代，虽然欧债危机的影响依然存在，但是中国应鼓励中小企业与欧洲国家加强科技创新合作，积极推进中欧双边投资协定谈判，进一步缓解和巩固中欧的投资关系。谢梅（2017）认为，欧债危机对欧元区国家影响深远，尤其是英国脱欧事件，这对于欧洲一体化进程具有很大的阻碍，欧洲一体化进程将更加艰难。谢鹏（2017）认为，欧债危机使得欧元区国家都采取紧缩性财政政策，引发了欧盟的预算危机，促使欧盟加快对其预算制度中的缺陷进行完善和改革。范长风（2017）认为，研究欧债危机爆发的原因和其治理措施的经验教训，对于治理中国的国债和地方债问题具有一定的启示和借鉴。

### 四　文献述评

通过对现有的研究文献进行梳理，可以看出以下几点内容。

第一，从现有关于欧债危机爆发原因的研究中可以发现，学者们主要认为欧债危机的爆发是由于欧元区国家的经济结构不合理、福利超载导致政府债务负担加重、欧洲央行体制僵化导致救助措施不力、欧元区政治与经济不协调、欧元区财政政策与货币政策不统一、产业空心化实体经济发展不力、美国次贷危机的冲击等因素。

第二，从现有关于欧债危机的治理效果的研究中可以发现，学者们都认为现有的治理措施效果不尽如人意，只能缓解欧债危机的蔓延，但不能从根本上治理欧债危机。

第三，从现有关于欧债危机的影响的研究中可以发现，学者们都认为欧债危机会对包括中国在内的国家产生影响，比如对经贸关系，对就业，对区域经济合作，对货币一体化合作等会产生深远的影响。

欧债危机从2009年爆发至今已经过去了9年多的时间，但是欧债危机依然没有得到有效的治理，这是人所共知的事实。是什么原因导致欧债危机如此难以治理？为了探究这个问题，还得来分析欧债危机产生的根源。现有文献虽然对欧债危机爆发的原因进行了大量的研究，但是像产业空心化、实体经济发展不力、福利超载、美国次贷危机的冲击等现象在其他国家也有发生，而这些国家并没有发生如此严重的债务危机。所以探究欧债危机爆发的原因，还得从欧元区特有的因素出发，那就是欧元。正是由于欧元的诞生，欧元区统一了货币，成立了欧洲央行来管理欧元，欧元区的货币政策得到了统一。但是也正是欧元区这种货币政策统一而财政政策分散及各国政治上独立的特点，导致了欧债危机的爆发。所以，研究欧债危机爆发的原因还得从欧元入手，也只有厘清了欧债危机爆发的根源，才能对症下药，制定出有效的政策措施，才能根治欧债危机的顽疾。因此，本书从欧元入手来研究欧元国际化对欧债危机的影响，以探究欧债危机爆发的根源，为欧债危机的治理提供理论支持，也期望能为人民币国际化和中国参与区域经济合作、区域金融货币一体化合作提供启示。

# 第三章
# 欧债危机的发展历程及主要影响因素

从欧债危机爆发至今已经过去了 9 年多的时间，但是时至今日，欧债危机仍然没有得到根本性治理，这主要是因为欧债危机的爆发和蔓延受到多种因素的影响，错综复杂，欧债危机治理起来困难重重。本章首先梳理了欧债危机的爆发和发展历程，然后从内部因素和外部因素两个方面较为全面系统地分析了欧债危机爆发和蔓延的主要影响因素。从对欧债危机的内部和外部影响因素来看，欧债危机爆发的根本原因还是欧元的国际化，欧债危机的本质是货币危机，是欧元的危机。

## 第一节　欧债危机的爆发及发展历程

理论界普遍认为欧洲主权债务危机是 2009 年从希腊开始爆发的，但实际上，2008 年冰岛的债务问题就暴露出了欧债危机的萌芽，但由于冰岛经济规模小，加上国际社会救助的比较及时，冰岛的主权债务危机并没有引起太大的影响，也没有引起欧盟的高度关注。2009 年 10 月，希腊政府宣布当年财政赤字和公共债务占 GDP 的比例分别为 12.7% 和 113%，大大超过了《马斯特里赫特条约》（简称《马约》）规定的 3% 和 60% 的标准。2009 年 12 月，世界三大信用评级机构先后下调了希腊的评级等级：12 月 8 日，惠誉将希腊信贷评级下调至BBB +，前景展望为负面；12 月 16 日，标准普尔将希腊的长期主权信用评级下调为 BBB +；12 月 22 日，穆迪将希腊主权评级下调到 A2，评级展望为负面。信用评级的下降，致使希腊债务问题更加严重，而当时欧盟并没有意识到希腊债务危机的严重后果，救助措施不力，错过了最佳时机，欧洲主权债务危机率先在希腊爆发。

由于没有采取有力的措施救治，希腊债务危机不断在欧元区国家中发展和蔓延。爱尔兰、葡萄牙、西班牙和意大利等国的主权债务危机问题都先后暴露出来。2010 年 1 月，穆迪警告葡萄牙若不控制财政赤字，将下调其债信评级。2010 年 2 月，西班牙预计当年财政赤字将占 GDP 的 9.8%，大幅超过了《马约》的标准，这引起了市场的恐慌，西班牙股市下挫了 6%。2010 年 2 月，欧元区经济实力最强的德国也预计当年财政赤字将占 GDP 的 5.5%。欧债危机的影响越来越大，导致欧元大幅贬值，欧洲股市大幅下跌。此时，欧盟意识到了债务危机的严重危害，开始大力救治。在 2010 年 4 月希腊向 IMF 和欧盟申请了援助之后，德国、欧盟先后批注了 224 亿欧元、7500 亿欧元的援助希腊计划，IMF 也表示可能提供 2500 亿欧元援助希腊。希腊也于 2011 年 6 月通过了为期 5 年的财政紧缩方案。虽然欧元区国家和欧盟对希腊进行了大量援助，但是希腊的主权债务危机问题还没能得到根本性解决。2011 年 1 月至 3 月，惠誉、穆迪和标普又纷纷下调希腊的主权信贷评级、国债评级和主权信用评级。2011 年 7 月，欧元区国家对希腊提供了 1090 亿欧元的第二次援助贷款。但是，欧债危机继续在欧元区国家蔓延和恶化。2011 年 11 月，意大利 10 年期国债收益率突破了 7%，西班牙 36 亿欧元 2022 年到期的 10 年期国债平均收益率飙升至 6.975%，法国的国债收益率也不断上涨。2011 年 11 月，匈牙利向欧盟和 IMF 申请金融援助，惠誉将葡萄牙的主权评级降至垃圾级别 BB +，穆迪下调匈牙利本外币债券评级至 Ba1。这表明这些国家都存在爆发主权债务危机的风险。欧债危机不但对经济领域产生了影响，而且也冲击了欧元区国家的政治格局。随着希腊总统、意大利总理的先后辞职，2011 年 11 月西班牙也提前进行了大选，深受欧债危机影响的希腊、爱尔兰、葡萄牙、意大利、西班牙都进行了政权的转变。

欧盟虽然对欧债危机进行了一系列的整治，但危机还在继续。2012 年，塞浦路斯受欧债危机冲击，出现银行倒闭、储蓄蒸发等问题，被迫接受了欧盟的援助。斯洛文尼亚也深受其害，经济疲软，公共财政恶化。2013 年 5 月惠誉将其主权评级下调到了 BBB+，评级展望为负面。据欧盟统计，受欧债危机的影响，2012 年欧元区有 17 个国家的债务率为 90.6%，欧盟有 21 个成员国的债务率比 2011 年有所上升，其中有 14 个国家的债务率超过了 60% 的警戒线。

为了救助债务危机国家，欧盟和欧元区国家进行了一系列努力，并且取得了一定的成效。2013 年，德国和爱尔兰经济出现了连续两个季度的正增长，法国三季度经济出现了萎缩，西班牙第三季度经济首次出现正增长，而意大利经济连续九个月出现萎缩。西班牙和意大利的不良贷款率依然居高不下，希腊的失业率也再创新高。2013 年 12 月，爱尔兰经济情况好转，退出了欧债危机纾困机制，成为欧元区首个脱困的国家。虽然欧债危机在 2013 年以后得到了一些缓解，但是欧元区国家，尤其是希腊、爱尔兰、葡萄牙、意大利、西班牙等外围国家的债务率、赤字率和失业率一直居高不下，欧债危机的阴影始终存在。2011 年 4 月 2 日，国际评级机构惠誉将葡萄牙的长期外币和本币发行方违约评级连续下调了三个等级，欧债危机再一次恶化。2016 年，受到英国脱欧事件的冲击，欧洲政治经济格局动荡，欧元区国家经济复苏缓慢，债务危机随时可能恶化。但也是 2016 年，西班牙经济的各项指标全面变好，经济增速更是达到了欧元区国家的第二位，这也提振了市场的信心，给债务危机的进一步缓解带来了希望。

到了 2017 年，欧债危机爆发已经过去了 9 年多的时间，经过多年整治，深陷债务危机的欧元区国家的经济都出现了好转。2017

年，意大利经济基本恢复到了危机之前的水平。2017 年前三个季度，希腊经济实现了连续三个季度的增长，经济出现了复苏。2017 年上半年希腊初级财政盈余也远超预期，达到了 19.36 亿欧元。国际三大信用评级机构也先后上调了希腊的信用评级，穆迪将希腊的长期发行人和高级无担保债券评级升至 Caa2，评级展望由稳定升至正面。标准普尔将希腊的主权评级展望上调到了正面，惠誉也将希腊评级上调至 B -。2017 年 12 月份，针对希腊的第三轮援助发放协议达成，2018 年 1 月前希腊将会获得 50 亿欧元的贷款。鉴于希腊经济的复苏，这可能是希腊获得的最后一批贷款，希腊离摆脱援助为时不远了。虽然整个欧元区的经济出现了好转，但是欧债危机的影响依然未能消散，欧债危机还远远未能得到彻底解决，欧元区国家的经济持续增长仍不稳定，各国的债务率、不良贷款率和失业率依然较高。而且，由于长期不能有效根治欧债危机问题，欧盟内部出现了各种错综复杂的经济、政治和社会问题，欧债危机的治理更加艰难，欧洲一体化也面临着很大的不确定性。

为了更加清晰地看出欧债危机的发展历程，本书把欧债危机发展过程中发生的重要事件列成了表 3 - 1。

**表 3 - 1 欧债危机发展历程中的重要事件汇总**

| 发展阶段 | 时间 | 事件 |
| --- | --- | --- |
| 危机萌芽阶段 | 2008 年 11 月 | 冰岛总理宣布国家可能破产，冰岛金融危机爆发，由于 IMF 等国际金融机构救助及时，而且冰岛经济规模不大，冰岛金融危机并没产生太大的影响和危害，也未能引起欧盟和欧元区国家的警觉 |
| 危机爆发阶段 | 2009 年 11 月 | 2009 年希腊财政赤字占 GDP 的比重和公共债务占 GDP 的比重都远超《马约》规定的上限 3% 和 60%，分别达到了 12.7% 和 113%，国债 CDS 价格飙升发 |

续表

| 发展阶段 | 时间 | 事件 |
| --- | --- | --- |
| 危机爆发阶段 | 2009 年 12 月 | 标准普尔、惠誉和穆迪三大国际评级机构纷纷下调希腊主权评级，引起了市场的恐慌，希腊国债被大量抛售，欧债危机率先在希腊爆发 |
|  | 2010 年 1 月 | 穆迪警告葡萄牙若不采取有效措施控制财政赤字将下调其国债评级 |
|  | 2010 年 2 月 | 西班牙 2010 年整体公共预算赤字恐将占 GDP 的 9.8%；德国预计 2010 年预算赤字占 GDP 的 5.5%。债务危机引发市场恐慌，西班牙股市大幅下跌，欧元空头头寸创下历史最高纪录。美国银行业在希腊、爱尔兰、葡萄牙及西班牙的风险敞口达 1760 亿美元 |
| 危机发展阶段 | 2010 年 3 月 | 惠誉将葡萄牙主权信用评级下调为 AA - |
|  | 2010 年 4 月 | 标准普尔下调西班牙主权信用评级，将评级展望前景定为“负面”。爱尔兰将财政赤字占 GDP 的比例修正至 14.3%。意大利宣布到 2010 年底，意大利公共债务占 GDP 的比例高达 119.0%。爱尔兰、葡萄牙、西班牙和意大利等国的信用危机逐渐加重，主权债务危机开始依次爆发 |
|  | 2010 年 5 月 | 希腊政府提出了一系列严格措施来削减开支和增加税收，但是遭到了全民罢工反对 |
|  | 2010 年 9 月 | 爱尔兰银行宣布无力再融资，政府第 3 个年头为银行担保 |
| 危机升级阶段 | 2011 年 4 月 | 欧盟 27 个成员国中有 20 个国家的财政赤字占 GDP 的比例已超过 3% 的国际警戒线。意大利、西班牙等多个欧元区经济大国都陷入了债务危机。穆迪将爱尔兰债务评级下调到垃圾级 |
| 危机恶化阶段 | 2011 年 5 月 | 希腊民众街头示威反对紧缩措施 |
|  | 2011 年 6 月 | 标准普尔将希腊主权债务级别调整到 CCC |
|  | 2011 年 7 月 | 穆迪将葡萄牙的信用级别调整到垃圾级 |
|  | 2011 年 9 月 | 标普将意大利主权信用评级从 A + 下调至 A |
|  | 2011 年 11 月 | 惠誉将葡萄牙主权评级由 BBB - 下调至 BB +，并给予“负面”展望 |
|  | 2012 年 1 月 | 惠誉下调意大利、西班牙、比利时、塞浦路斯以及斯洛文尼亚五个欧元区国家的主权信用评级，评级前景均为“负面” |

续表

| 发展阶段 | 时间 | 事件 |
| --- | --- | --- |
| 危机暂缓阶段 | 2013 年 | 德国和爱尔兰经济出现了连续两个季度的正增长,西班牙经济第三季度首次出现正增长 |
| | 2013 年 12 月 | 爱尔兰经济情况好转,退出了欧债危机纾困机制,成为欧元区首个脱困的国家 |
| 危机再度恶化阶段 | 2014 年 12 月 | 希腊提前大选,打击了市场的信心,导致欧债危机问题进一步恶化 |
| | 2015 年 4 月 | 惠誉将葡萄牙的长期外币和本币发行方违约评级连续下调了三个等级,大大打击了市场的信心,欧债危机再一次恶化 |
| | 2016 年 12 月 | 欧元区金融机构暂停了减免希腊 450 亿欧元(约合 477 亿美元)短期债务的计划,使得希腊雪上加霜 |
| 危机缓解阶段 | 2017 年 | 西班牙各项经济数据都呈利好趋势,提振了欧洲的经济。2017 年上半年希腊初级财政盈余也远超预期,达到了 19.36 亿欧元。国际三大信用评级机构也先后上调了希腊的信用评级,穆迪将希腊的长期发行人和高级无担保债券评级升至 Caa2,评级展望由稳定升至正面。标准普尔将希腊的主权评级展望从上调到了正面,惠誉也将希腊评级上调至 B-。2017 年 12 月份,针对希腊的第三轮援助发放协议达成,2018 年 1 月前希腊将会获得 50 亿欧元的贷款。鉴于希腊经济的复苏,这可能是希腊获得的最后一批贷款,希腊离摆脱援助为时不远了。 |

资料来源：从各种相关文献资料整理得到。

## 第二节 欧债危机的外部影响因素

欧债危机的爆发是由内部和外部多种影响因素共同导致的，也正是这些影响因素错综复杂，增加了欧债危机治理的难度，导致债务危机不断发展蔓延。本节将首先分析欧债危机的外部影响因素。

## 一　国际金融危机的冲击

2008 年美国次贷危机爆发后，迅速蔓延至全球，演变为国际金融危机，导致全球经济衰退，各国都受到了负面影响。本次国际金融危机对欧元区国家也产生了很大的冲击，2009 年欧洲实际经济增长率同比下降了 4.3%，经济增长的大幅下滑，对欧元区国家的主权债务及政府赤字都产生了恶劣的影响。

首先，面对金融危机的冲击，为了提振经济，短期内实行扩张性的财政政策和货币政策是最好的方法。但是由于欧元区国家的货币政策由欧洲央行统一制定，各个国家不能实施单独的货币政策，很多欧元区国家就仅仅实施了扩张型的财政政策来刺激经济增长。由于货币政策和财政政策不匹配，单独实施扩张性的财政政策，一方面导致了政策效果不佳，不能达到拉动经济增长的预期效果；另一方面财政的不断扩张，经济的持续下滑，税收的不断减少，且欧元区国家大多数还是高福利国家，福利支出具有刚性，导致希腊等欧元区国家政府赤字不断增加。例如，2008 年金融危机刚开始时，欧元区国家的财政赤字都维持在在 2% ~8%，而到了 2009 年，很多国家的财政赤字大幅度攀升，希腊达到了 12.9%，爱尔兰也达到了 10% 以上。财政赤字的不断增加，导致政府的债务负担日益严重，最终在债务危机最重的希腊爆发了主权债务危机（汪占熬、陈小倩，2010）。

其次，由于欧洲的金融体系与美国联系紧密，欧洲银行体系购买了大量美国的抵押贷款支持证券和住房贷款抵押债券，欧洲银行系统是美国最大的次级债债主，但是就是这些“有毒证券”引发了美国的次贷危机。次贷危机爆发后，欧洲银行业遭受巨大损失，为了满足《巴塞尔协议 II》的监管要求，欧洲银行不得不继续增加资金投入，并在市场上减少贷款活动，这导致欧洲金融体系受到了很大的破坏。由于金融危机的冲击，很多欧洲银行面临着倒闭的危险，为了维护金融系统的稳定，很多国家开始对银行业实施注资和一揽子担保等措施，政府大量注资到银行体系，这就把银行业的有毒资产转移给了政府。政府只能大量发行国债来进行融资，而在欧洲储蓄率普遍较低的情况下，政府只能依赖外部融资，通过借新债还旧债的方式来维持（刘亮，2011）。但是在金融危机的冲击下，大量外资开始撤离欧洲市场，欧元区国家越来越难以借到新的外债，借新债还旧债的方式难以为继，希腊等国家的债务率无法维持，这样就使欧洲的银行业危机转变成了主权债务危机，欧债危机爆发了。

## 二　国际评级机构和投机机构的落井下石

欧债危机爆发后，国际三大信用评级机构一再下调希腊等危机国的各种国际评级。例如，2009 年 12 月，惠誉将希腊信贷评级下调至 BBB +，标准普尔将希腊的长期主权信用评级下调为 BBB +；穆迪将希腊主权评级下调到 A2。2011 年 1 月至 3 月，惠誉、穆迪和标普又纷纷下调希腊的主权信贷评级、国债评级和主权信用评级。2011 年 11 月，惠誉将葡萄牙的主权评级降至垃圾级别 BB +，穆迪下调匈牙利本外币债券评级至 Ba1。在市场信息不对称的情况下，国际三大信用评级机构的评级结果对债权人和投资者具有重要的影响，能够对各国金融产品的定价产生决定性作用。以希腊为例，每次评级机构下调希腊的评级，都会导致希腊国债收益率上升，增加希腊的融资成本，最终使得希腊无法承受，引发了债务危机。

国际信用评级机构一再下调希腊等国家的信用评级，导致市场对希腊，甚至对整个欧元区丧失了信心，资金大量外逃，这就给国际投机机构创造了机会。以美国华尔街为主的国际投机机构大肆做空欧元，逼迫欧元对美元贬值，仅 2010 年 2 月一周之内，沽空欧元的金额就达到了76亿美元，合约有4万多份。从2009年11月到2010年3月，欧元兑美元的汇率下降了约10%（丁建臣、林凤萍，2013）。同时，这些国际投机机构还利用信用违约互换或信用违约掉期（Credit Default Swap，CDS）① 大肆做空套利。通过操纵希腊、爱尔兰、西班牙、葡萄牙和意大利的CDS头寸，使其价格大幅波动，获取了巨额利润。由于被恶意做空，希腊主权CDS价格一路飙升，从2009年下半年不到200个基点涨到了2011年第四季度的10000点以上。CDS价格表示债务方的违约风险，希腊等国CDS价格的飙升，使得市场认为希腊等国的违约风险加大，这大大提高了希腊等欧债危机国家的融资成本，导致这些国家资金进一步短缺，使主权债务危机进一步恶化。由此可见，国际投机机构的恶意做空，进一步把欧债危机推进了深渊，使得欧债危机越演越烈，这也是欧债危机爆发、蔓延的主要外在因素（徐明棋，2013）。

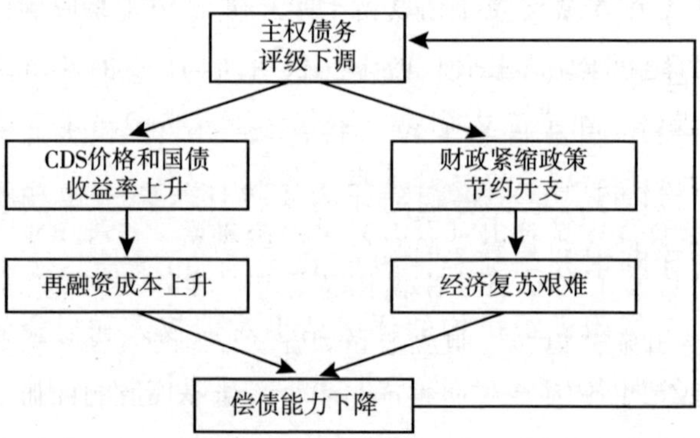


**图3－1 国际评级机构对债务危机影响的路径**

① CDS交易使得信用违约风险得以从"买方"向"卖方"转移，一旦出现信用违约，"卖方"将需要对"买方"进行补偿，或者是支付用以交换违约债券的其他债券的金额，或者是支付违约债券的市场价值和通过拍卖程序所确定违约债券的标准价值之间的差额。而"买方"则需要定期向"卖方"支付一定数额的费用，其价格越高则表示出现信用违约的可能性越大。一份标准化的CDS合约的终结只有两种情况，或是合约到期，或是前期所规定的信用违约出现并且进入赔偿阶段。

## 三　美国的蓄意打压

从美元的发展历程来看，一旦某种货币对美元的国际霸主地位产生了威胁，那么，美国就会凭借其强大的政治、军事和经济实力对其进行打压（郭伟，2015）。当初日本作为世界第二大经济体，面对美国的打压，在“广场协议”后日元也被迫不断升值，最终导致日本经济长期停滞不前。欧元作为一种超主权货币，是欧元区国家为了增强经济实力，增加在世界贸易中的利益而创造出来的，从其诞生之日起就有着与美元分庭抗礼的意愿。而且，凭借欧盟强大的经济实力，欧元诞生后确实竞争力强劲，很快成为世界第二大国际货币，对美元的国际地位构成了威胁。面对这种挑战，美国一定是想尽办法进行打压的。从欧债危机的演变过程可以看出，美国先是利用投资银行高盛集团帮助本不符合条件的希腊掩盖公共债务问题，达到加入欧元区的条件，进而成功变为欧元区成员国，为欧元区成员国之间经济发展不平衡做出了“贡献”（孙晓青，2000）。同样，高盛集团也用相同的方式帮助西班牙和意大利等国掩饰公共债务问题，粉饰太平。随着欧元区内部发展不平衡矛盾的不断积累，爆发债务危机的危险越来越大。受到美国次贷危机的冲击后，希腊等国的债务危机已经一触即发。此时，高盛集团和其他两家美国对冲基金公司通过购买信用违约互换保险（CDS）的方式对希腊展开了金融攻击，希腊债务危机爆发。而后，惠誉、标准普尔、穆迪三大国际信用评级机构又迫不及待地一再对希腊进行各种信用降级，打击市场信心，增加希腊的债务负担，使得希腊债务危机不断恶化。而后，这三家评级机构又先后对西班牙、爱尔兰、葡萄牙等国家进行信用降级，导致欧债危机在欧元区国家不断蔓延，越演越烈。正是高盛集团、三大国际信用评级机构的推波助澜，才导致欧债危机一发不可收拾。这些公司背后都有美国的影子，都是为了维护美国的利益，都是为了维护美元的国际地位。从最终的结果来看，欧债危机确实给欧洲经济以沉重的打击，导致欧洲经济持续低迷。同时，也给欧元以致命的打击，欧债危机的爆发和蔓延，使市场不再像以往一样对欧元充满信心，包括欧元区国家民众在内的很多人都对欧元的发展前景产生了怀疑，欧元很难再恢复以前对美元的强大竞争力。欧债危机的爆发，也是美元对欧元的一次打压。

## 第三节　欧债危机的内部影响因素

欧债危机爆发的主要原因还是欧元区的内部出现了问题。欧盟内部大多数国家经济结构不合理，产业结构单一，严重依赖外需拉动，缺少抵御世界金融危机的能力。虽然建立了欧洲中央银行，统一实现了货币政策，但欧元区各成员国各自拥有相对独立的财政政策，这种统一货币政策与分散财政政策之间存在不可调和的矛盾，使得各国的宏观调控能力大幅度减弱。欧盟一些国家的执政党为了获取选票而迎合民众的喜好，不顾本国的实际经济发展水平和实力，长期实行高社会福利的政策，过高的福利支出成为政府沉重的经济负担，使政府负债累累（施祖麟等，2014）。欧元区国家崇尚金融自由化，宽松的政策环境、开放的金融运行体制，吸引了大量的国际投资者。但是欧元区的金融监管不足，与快速发展的金融创新不相适应，也为欧元区国家的经济发展埋下了隐患。欧债危机表明欧盟内部存在一系列政治、经济的不稳定因素。本书就欧盟国家内部的经济结构、财政政策、高福利政策和金融监管等经济不稳定因素进行探讨，以分析欧债危机爆发的更深层次原因。

## 一　欧元区内部国家经济发展不平衡

欧元区内部除了德国和法国等少数几个国家外，大多数国家都存在经济结构不合理、产业结构单一、缺少支柱性产业等现象。经济增长主要依靠劳动密集型产业，如制造业和旅游业等，这些产业依赖外需来拉动，缺少抵御世界经济危机的能力。而且由于经济发展不平衡，欧元区国家之间经济实力差距较大。一个好的货币一体化区域要求区内国家间经济发展水平要相近，这样才能协调发展。欧元区国家间经济水平的差距也给欧债危机的爆发埋下了隐患，事实也证明了这点，希腊作为经济实力最弱的欧元区国家，确实率先爆发了债务危机。

### （一）经济结构不合理

理论和实践都已经证明，第二产业是经济增长的主要动力，而第三产业对经济增长的推动作用很小。在希腊、西班牙、葡萄牙和意大利等国加入欧元区后，这些国家的第二产业占经济的比重都快速下降，而金融业和房地产业等虚拟经济却快速发展。第二产业的衰落必然带来经济增长的乏力，而金融等虚拟经济的膨胀并不能解决经济增长的根本问题，而且一旦虚拟经济的泡沫破裂，实体经济将受到重创。

在欧盟内部，像意大利、葡萄牙、西班牙和希腊等国家的支柱产业主要是劳动密集型产业，产业结构单一，经济结构缺陷明显。例如，希腊的经济主要依靠旅游业、海运业和农业，旅游业和农业的产值分别占到 GDP 的 17% 和 12%，出口产品主要是橄榄和葡萄等农产品和初级加工产品，缺少高附加值的技术密集型产品。因此，抵御外部冲击的能力很差。2008 年的金融危机重创了希腊经济，最终导致其爆发了主权债务危机。西班牙经济也主要是依靠劳动密集型产业，2008 年金融危机后，西班牙的房地产泡沫破裂，旅游业收入大幅减少，银行呆账坏账激增，经济遭受了很大的冲击。葡萄牙的产业结构也不合理，支柱产业为旅游业、纺织业和汽车制造等劳动密集型产业，消费率增长偏高，而出口率和投资率比例偏低。意大利虽然是欧元区的第三大经济体，但是其产业结构也不合理，服务业占比超过 70%，而制造业不足 20%，加上意大利南北经济发展不平衡，这些都导致其容易受到外部冲击的影响。由于希腊等国的产业结构单一、不合理，当他们加入欧元区后，劳动力成本优势丧失，而这些国家又没能对产业结构及时进行调整优化，从而导致这些国家的产业竞争力不断下降。传统的劳动密集型产业由于对外依赖度强，容易受到世界经济波动的冲击，2008 年国际金融危机后，希腊、葡萄牙等国很快就深受其害，陷入了经济衰退的泥潭，至今仍未摆脱。

### （二）欧盟内部国家间产业竞争力分化严重

欧盟统一市场的根本目的是降低生产成本，消除欧盟内部的贸易壁垒，提升欧盟国家产品的竞争力。但是这种共同的市场制度却使欧盟内部的经济强国越强、经济弱国越弱了。首先，这种共同的市场制度，使得弱国的外来投资减少。外来投资的根本目的是降低成本和占领市场。但当欧盟内部国家间取消贸易壁垒后，关税成本和运输成本大幅度降低，劳动力可以自由流动，原来想对外投资的企业将资金留在了国内，经济弱国获得的外来投资将减少。其次，由于欧盟内部国家的产业技术水平不同，在统一市场后，同类产业中技术水平先进、劳动生产率高的企业将处于优势地位，获取了产业链中的大部分利润，而这些技术水平先进的国家都是欧盟内部的经济强国。而对经济弱国来说，由于原有的技术水平相对落后，统一了市场后不利于其引进外资和先进的技术，不能进行产业结构调整和产业升级，从而导致这些国家的企业被固定在了产业链的低端，获得的利润较少。《世界竞争力报告（2012）》显示，欧盟内部国家竞争力分化明显，像芬兰、荷兰、德国等国能排进世界前十名，而意大利和葡萄牙则排名在四十多名，希腊更是排在第九十六名，弱国和强国的国际竞争力相差很大。竞争力的不同给欧盟内部的国家带来了不同的利益。欧盟统一市场后，德法等经济强国占领了高端市场，扩大了产业竞争力，获得的利益最多。并且弱国的资本和劳动力等生产要素逐渐向强国转移，进一步弱化了希腊等经济弱国的竞争力，使得这些国家一直处于产业链低端，经济增长长期乏力。

### （三）经济弱国政府债务负担严重进一步虚弱了产业竞争力

由于希腊、西班牙、葡萄牙等经济弱国的产业竞争力与德国、法国等经济强国的产业竞争力差距很大，这些国家长期处于欧盟内部产业链的低端，经济增长的拉动力不足。而且这些国家的支柱产业多是劳动密集型产业，产业结构单一，对外依赖程度高，容易受到外部冲击。弱国的经济增长乏力也导致整个欧元区经济表现一直不佳，即使在 2008 年全球金融危机爆发前的 2001 年至 2007 年，欧元区的年均经济增长率仅为 1.8%，年均失业率却为 8.5%。欧元区国家一度陷入了结构性的低增长和高失业长期并存的困境。而且长期的经济增长停滞，严重削弱了部分欧元区国家的政府财政收入能力。加上欧元区国家的高福利政策，政府的福利性支出长期居高不下。一边是收入的不断减少，一边是刚性的高福利支出，这就导致了部分国家的政府债务负担严重。而且由于政府财政收入的减少，在满足高福利支出的条件下，教育、科研等经费投入也不断缩减，科技创新能力不足，进一步削弱了这些国家的产业的国际竞争力。

## 二 财政政策与货币政策不匹配

欧元区虽然建立了欧洲中央银行（ECB），各成员国流通着同一种货币——欧元，货币政策实现了统一。但是各成员国却各自拥有相对独立的财政政策，这种统一的货币政策与分散的财政政策之间存在不可调和的矛盾。即货币政策由欧洲央行统一确定后，各成员国仅靠财政政策不足以调控实现他们不同的经济目标。这也是欧债危机爆发的根本原因之一。

### （一）货币政策与财政政策不协调

一般来说，财政政策服务于内部目标，而货币政策服务于外部目标。对于一个国家来说，财政政策和货币政策是密不可分、缺一不可的。一个国家要想实现经济的内外均衡，就需要统一的财政政策与统一的货币政策相配合。而且当要实现的宏观调控目标不同时，财政政策与货币政策的配合方式也不尽相同，有时需要采取双宽松的财政、货币政策，有时却需要采取紧缩的财政政策配合宽松的货币政策。但是当欧盟各国加入欧元区后，货币政策统一由欧洲中央银行制定，各国只有财政政策主导权。面对各自不同的经济情况，在固定的货币政策下，仅靠财政政策很多欧元区国家很难完成自己的宏观调控目标。例如，在欧洲央行的“不救助原则”下，欧洲央行不能借钱给欧元区各国，但是各国又没有货币发行权，面对债务危机只能继续靠借债度日，尤其对于希腊等经济弱国来说，财政收入的不断减少，社会福利支出的不断增多，只能通过发新债还旧债的方式来勉强维持，致使这些国家债务负担严重，最终爆发了欧债危机。而且由于欧洲央行在制定货币政策时是从整个欧元区考虑的，缺乏灵活性和实效性，面对危机时反应迟滞，严重抑制了债务危机爆发国的经济政策宏观调控能力，致使危机不断蔓延。其实，像意大利这样的经济强国，若不是失去了利率和汇率两大调控工具，其完全可以通过货币政策调控来降低债务率，提升本国产品的国际竞争力，扩大出口，进行经济结构调整，从而免受债务危机的困扰（项松林、赵曙东，2012）。

### （二）无法对成员国财政进行有效监管

欧债危机的爆发与欧元区的货币政策与财政政策不协调统一密切相关，在这种货币政策统一而财政政策分散的二元结构下，欧洲央行无法对成员国进行有效的财政监管，即使欧盟制定了《稳定与增长公约》为各成员国提供了财政政策协调发展的框架，但是效果并不明显。这就使得欧元区缺乏应对债务危机的能力，一旦危机爆发，由于没有一个统一的财政机构，各个国家只能各自为战，独自应对危机。像希腊这样的国家，一方面由于没有运用货币政策的权力，另一方面由于政府负债严重，信用丧失，无法继续举债度日，能运用的财政政策手段很少，不能独自解决债务危机问题，致使债务危机越演越烈，最终蔓延到了整个欧元区。而且在希腊债务危机蔓延的过程中，同样因为没有统一的财政机构，欧盟成员国只能采取协商的方法来解决希腊债务危机，一再延误救助的最佳时机，从而导致希腊主权债务危机演变成了欧债危机。尽管欧元区国家的整体财政状况并不是很差，但是财政政策与货币政策的不匹配却使欧元区多个国家深陷债务危机的泥沼。

### （三）政策效应不显著

虽然欧洲央行在制定货币政策时是从整个欧元区考虑的，但是政策的施行效果并不显著，甚至引起了负效应。首先，在统一的货币政策下，欧元区国家中某国若实行扩张的货币政策，由此所带来的通胀风险将由所有成员国共同承担。而各国的调控目标不同，就使得一些国家被动地接受通货膨胀，加大了该国的经济风险。其次，欧元区国家没有一个统一的财政机构，缺乏对成员国的监督和制约。虽然欧盟发布了《稳定与增长公约》，试图对各国的财政赤字进行制约，但是其约束力不强，没有得到很好的落实，致使很多欧元区成员国不断发行债务，增加财政赤字。最后，在货币政策一体化的背景下，一些欧元区国家怀着侥幸心理，认为若自己经济出现问题，其他国家会对其进行救助，在这种心理的驱使下，更加肆无忌惮地举债消费，致使债务负担越来越重。对一般的国家来说，当财政赤字过高时，可以采取宽松的货币政策进行缓解，但是欧元区国家丧失了这种能力。当债务危机爆发时，欧元区国家缺乏有效的政策措施来进行应对，导致债务危机不断蔓延，持续恶化。

## 三　高福利政策与经济实力不匹配

欧元区一些国家的执政党为了获取选票迎合民众的喜好，不顾本国的实际经济水平和实力，一直实行高福利的政策。社会福利支出具有刚性，上调之后难以再降下来。因此，在经济疲软、政府财政收入减少时，若一国的经济实力不足，过高的社会福利支出将成为政府的沉重负担（郑秉文，2011）。

### （一）欧元区国家的高福利政策

从 20 世纪 50 年代开始，欧洲一些国家就建立起了包括免费医疗保健、高额养老金、长期失业救济等一整套高福利社会保障体系。随着欧洲一体化进程的加速，经济发展相对落后的希腊等国也先后采用了这种高福利的政策。例如，希腊的公务员工资连年快速增长，实际工资增长速度远高于其同期的经济增长速度。退休金的比重过高，2008 年，西班牙的退休金占 GDP 的比重达到了 10.8%，葡萄牙则达到了 12.9%。这些过高的社会福利待遇支出加重了政府的债务负担。2010 年，希腊的社会福利支出占政府总支出的比例已经高达 41.6%。

### （二）欧元区国家的福利超载

一个国家能享受怎样的福利待遇是由其经济实力和财政收支能力决定的，社会福利的供给水平应该与经济发展水平相协调。若一味地提升社会福利支出，超出了国家的经济实力承受范围，造成了福利超载，不但会使这种福利政策难以为继，也会削弱国家的竞争力，制约经济发展，使经济陷入恶性循环。在欧元区国家的代议民主体制内，竞选时各党派为了符合民意，拉到更多的选票，都竞相提出增加社会福利的承诺。执政党在进行经济改革时，也不敢轻易降低社会福利支出。在经济态势良好、政府财政收入充足的情况下，政府还能够承担高额的社会福利支出。但是，欧元区一些国家经济基础薄弱，主要依靠的是劳动密集型产业，容易受到经济周期和外部冲击的影响。当经济增长放缓或者停滞时，过高的社会福利水平脱离了经济发展的基本面，高福利支出将成为政府的沉重负担。而执政党为了维持民众的支持率，也不敢采取削减社会福利的财政措施，只能以借新债还旧债的方式勉强维持，导致债台高筑。

### （三）高福利政策对经济发展的危害

一个国家的高福利政策若与经济发展水平不相匹配，就会对这个国家的经济发展造成危害。首先，高福利政策制约了投资能力。一个国家若想长期维持高福利政策，必须要保持经济的持续增长，而增加投资，使资本更多地进入生产领域，是促进经济增长的必然选择。但欧元区的国家中大多数是高消费低储蓄的，2009 年，希腊的储蓄率为 9.1%，而消费率为 91%；西班牙的储蓄率为 22%，消费率为 77.8%。这种高消费低储蓄的模式制约了这些国家的投资热情，实体经济获得的投资不足，不能推动经济的持续增长。其次，高赋税降低了经济增长的活力。欧元区国家为了维持高社会福利水平，就需要不断增加政府的财政收入，而政府财政收入的主要来源是税收，因此，很多欧元区国家一直维持着很高的赋税水平。但是高赋税增加了企业的运营成本，使一些企业迁移到了其他国家，这就降低了该国的就业水平和经济增长水平。而且，高赋税增加了企业的负担，使他们用在科研创新上的投入不足。政府也将收入大部分用于福利支出，投到科研领域的经费也不够。这就使这些国家的科研创新水平相对较低，从根本上制约了经济增长。最后，高福利政策限制了政府的融资能力。若一个国家的经济发展水平与高福利政策不匹配，政府的收入不足以支付高福利支出，像希腊、葡萄牙等国，他们的政府将不得不继续举债，长期借债导致这些国家的信誉度下降，政府丧失了国际融资能力，这又进一步阻碍了经济的增长。

## 四　金融监管不足

欧元区国家崇尚金融自由化，宽松的政策环境、开放的金融运行体制，吸引了大量国际投资者。但是欧元区的金融监管不足，与快速发展的金融创新不相适应，也为欧元区国家的经济发展埋下了隐患。

### （一）缺乏统一的金融监管机构

欧元区虽然建立了欧洲中央银行，但是欧洲央行的职能只是制定和实施统一的货币政策，而不能进行金融监管。欧元区也一直没有一个统一的金融监管机构，欧盟也仅是构建了金融监管的框架，金融监管的权力分散在各个成员国的金融监管机构。由于各个国家的经济发展情况不同，他们都是为了各自国家的利益采取相应的金融监管措施，在整个欧元区内并不统一协调，而且欧盟的相关监管法律还很宽松，缺乏对他们的制约。即使有些国家的金融监管效果良好，但是对其他国家的正向溢出效应也很小。欧元区的金融监管整体非常宽松，吸引了大量资本从监管严格的区域流到了欧元区，但是这些资本大多数都没有进入实体经济，而是进入了影子银行体系，促使了虚拟经济的膨胀。金融业的过度扩张和金融监管的缺失，也是引发欧债危机的直接原因。

### （二）金融监管落后于金融创新

2008 年世界金融危机是由于美国对影子银行体系监管不足造成的，其爆发的根本原因是金融监管滞后于金融创新，不能有效进行监管。同样，欧元区也存在金融监管落后于金融创新的问题。在金融监管宽松的背景下，金融创新能给企业和金融机构带来丰厚的利润。因此，市场对金融创新需求旺盛，金融创新的速度非常快，但是这些金融创新产品往往隐含着巨大的风险，美国的次级抵押贷款就是很好的例证。而欧元区国家的金融监管部门往往信息滞后，经常是当金融创新产品出现问题时才开始研究如何加以监管。这种亡羊补牢的监管模式不能有效防范金融市场隐含的风险，无法保障经济的平稳健康发展。欧债危机爆发后，葡萄牙、希腊等国金融泡沫的破裂，也说明当前欧元区国家的金融监管水平已经不适用于其金融发展水平了。

### （三）银行民族主义弱化了金融监管效果

经济民族主义指的是在跨国竞争中，一个国家对本国的经济主体进行保护，或者对与本国竞争的其他国家的经济主体进行破坏。欧元区国家的银行政策掌握在各个主权国家手里，因此在制定各种政策特别是银行监管政策时，欧元区国家盛行各自为政的经济民族主义。这导致各国的投融资政策不统一，银行监管政策不能协调配合。银行在国民经济中地位突出，银行政策对于稳定金融市场也有很大的作用，但由于银行政策的不协调，进一步降低了欧元区国家的金融监管效果。欧元区国家对银行业风险的监管失误，使银行出现大量呆账、坏账，导致欧债危机进一步失控。

## 五　救助机制缺失

欧债危机的爆发和蔓延与欧盟、欧元区国家对债务危机的救助机制缺失密切相关。若在 2009 年希腊债务危机爆发时，能够给予及时有效的治理，债务危机就不会越演越烈。欧元区国家对于危机的救助机制存在以下几个方面的缺失和不足。一是欧洲央行没有承担“最后贷款人”的角色。由于欧元区内部国家间政治合作不紧密和经济发展存在差异，考虑到道德风险和通货膨胀等原因，欧洲央行从成立之初就没有承担最后贷款人的角色。但正是欧洲央行没有承担最后贷款人的职责，使得在欧债危机爆发之初，欧元区很多国家不愿意共同还债，欧洲央行一直在犹豫是否为市场大幅增加流动性，错过了最佳的治理时期。也是由于欧洲央行没有承担最后的贷款人，不能通过降息、购买债券、提供流动性等手段有效发挥稳定金融市场的作用，造成了在爆发债务危机后，投资者认为债务风险要由自己分担，形成了市场恐慌，加剧了危机的蔓延和恶化。二是救助决策机制复杂。欧元区仅是一个货币联盟，区内各个国家在政治上彼此独立，在制定政策时都要以维护本国利益为主。这样就导致在希腊主权债务危机爆发后，欧盟和欧元区国家都一再犹豫，迟迟没有给希腊以及时的援助，直到希腊债务危机爆发了半年多以后，希腊才获得了 IMF1100 亿欧元的援助，但由于错过了最佳的救助时期，希腊的债务危机问题已经严重恶化，并开始蔓延到了欧元区其他国家，这也使得救助效果不佳（刘兴华，2013）。三是救助机制的本质是国家间的救助。由于欧元区国家救助债务危机的机制不健全，危机爆发后的救助机制在本质上还是国家间的救助，主要是德国、法国等核心国家对希腊等外围国家的救助。一方面，由于受金融危机的冲击，欧元区国家大多数在希腊债务危机爆发的时候政府财政都不健康，都存在多多少少的债务问题，像法国就是全球第四大债务国，这就使得这些国家没有更大的能力去救助希腊；另一方面，德国等经济健康、实力强大的国家，为了维护自身的利益，也不愿意去大力救助希腊。这些就导致欧元区救助机制的失效（王凡一，2017）。

## 第四节　欧债危机爆发的欧元因素

从上文的分析可以看出，影响欧债危机的外部因素和内部因素有很多，但是若深入分析一下我们可以看出，这些外部影响因素和内部影响因素的背后都有欧元的影子。正是欧元的诞生使得这些因素最终导致了欧债危机的爆发和蔓延。

首先，从外部影响因素来看，2008 年国际金融危机之所以对欧元区国家产生了严重冲击，主要是因为欧元诞生后，成立了欧洲央行，欧元区国家统一了货币政策，导致希腊等国面对危机时宏观调控政策失效，进而导致国内经济受到严重影响。美国的蓄意打压、国际信用评级机构和投机机构的落井下石也是因为欧元设立后，对美元的国际货币霸主地位形成了挑战，损害了美国的利益。按照历史经验，美国一贯的做法就是对其进行打压，日元就是很好的实例。本次欧债危机也是美国借助国际信用评级机构和投机机构一再打压欧元区国家，导致欧债危机不断恶化蔓延，借此来削弱欧元的国际影响力，减轻美元的压力。

其次，从内部影响因素来看，欧元的诞生，导致欧元区货币政策统一，区内国家都使用统一的货币——欧元，加速了资源在区内的流动，也加剧了区内国家经济发展的不平衡。欧元的诞生使欧元区国家放弃了货币政策的独立性，整个欧元区实施统一的货币政策，这样就导致货币政策不能兼顾欧元区各个国家经济发展的实际情况。而且一旦经济出现问题，单一依靠财政政策将难以调控，这也是希腊等国家经济增长持续乏力的主要原因。从历史上来看，欧洲国家一直实施高福利的政策，在欧元区成立之前，这些国家并没有出现大的政府债务问题。在欧元诞生后，成立了欧元区，这使得南欧经济基础较弱的希腊等国产生了债务错觉，不顾本国经济实力不断增加政府债务规模来维系高福利的政策，导致政府债务负担越来越重，最终爆发了债务危机。欧盟成立了超国家的欧洲央行来对欧元进行管理，但是欧洲央行的职能只是制定和实施统一的货币政策，而不能进行金融监管。欧元区也一直没有一个统一的金融监管机构，欧盟也仅是构建了金融监管的框架，金融监管的权力都是分散在各个成员国的金融监管机构。这样就导致欧元区金融监管不足，即使区内国家违背了《马斯特里赫特条约》的规定也没有受到相应的约束，导致问题越聚越多，最终引发了欧债危机。同时，欧洲央行没有承担最后贷款人的职责、欧洲央行的危机救助机制缺失，导致在希腊爆发主权债务危机后对其救助不力，致使危机不断恶化蔓延，演变为了整个欧元区的危机。

综上可以看出，正是欧元的诞生导致欧元区出现了各种问题，在这些问题的影响下引发了欧债危机，欧债危机的实质是欧元的危机。对此，本书在后续章节中将进行深入的分析论证。

第四章

# 欧元国际化对欧债危机的影响

从第三章的分析中我们可以看出，虽然影响欧债危机的内外部因素很多，但是这些因素多是由欧元的诞生造成的，欧元的诞生和欧元国际化是同步的，因此，欧元国际化是导致欧债危机爆发的主要因素。欧元作为一种超主权货币，欧元的国际化具有特殊含义。欧元国际化的内涵要比美元、日元等主权货币的国际化更为复杂。欧元诞生本身就是一个极为重要的国际化事件，这是一条有别于美元和日元的独特的货币国际化道路。也正是因为欧元国际化过程的特殊，欧元天生存在一些不足和缺陷，为欧债危机的最终爆发埋下了隐患。

## 第一节　欧元国际化的发展历程及存在的不足

欧元作为一种超主权货币，其诞生的过程就是国际化的过程，所以说欧元的发展过程和欧元国际化的过程是一致的。欧元国际化始于1992年，在1999年取得决定性成果。但由于种种原因，欧元自其诞生之日起，就存在相当大的缺陷。

### 一　欧元的发展历程

从时间轴线的角度看，欧元经历了四个发展阶段。[①]

一是前期准备阶段（1992～1993年）。欧元的发展历程开始于1992年2月7日欧盟签署的《马斯特里赫特条约》（又称《欧洲联盟条约》）。《马斯特里赫特条约》提出了组建欧洲货币联盟的设想，并规定了详细的路线图和时间节点规划，因此可算为欧元的起

① 在现有的研究文献中，关于欧元发展阶段的划分有的分为三个阶段，有的分为四个阶段，本书采用了四阶段的划分方法，这样能更详尽地描述欧元的发展历程。

点。根据《欧洲联盟条约》的规划，截至 1993 年末，欧盟基本实现了区域市场一体化，实现了人、财、物的自由流动；同时各成员国政府加强了货币政策的协调，并建立起各成员国央行行长的协调机制。这为欧元的诞生奠定了经济基础。

二是预备启动阶段（1994 ~ 1998 年）。以 1994 年 1 月 1 日欧洲货币局（欧洲中央银行的前身）成立为标志，欧元进入预备启动阶段。欧洲货币局的主要任务是从事统一货币相关的各项技术准备工作，包括统一货币政策的操作准备工作及建立区域经济政策协调的新程序。1995 年 12 月欧盟马德里峰会确认了在 1999 年 1 月 1 日前完成欧洲货币联盟的所有组建工作，并将未来的欧洲统一货币命名为欧元。1996 年 9 月欧盟都柏林峰会就欧洲货币联盟的基本制度框架达成协议，内容主要有三点：一是正式确定欧元作为欧洲货币联盟所有成员国唯一的法定货币，各国原有货币最迟在 2002 年 6 月底前全部退出流通；二是制定《预算稳定和增长公约》，严格成员国财政纪律；三是建立欧盟内欧元国家与非欧元国家之间的新汇率机制，以防竞争性汇率贬值扰乱统一市场。1997 年 6 月欧盟在阿姆斯特丹峰会上对《欧洲联盟条约》进行了修订，并正式批准都柏林峰会议定的 3 个条约——《预算稳定和增长公约》、《欧元的法律地位》和《新货币汇率机制》，以保障欧元如期启动。1998 年 5 月欧盟在布鲁塞尔峰会上最终确定于 1999 年 1 月 1 日正式启动欧元，圈定首批加入欧元区的 11 个国家（德国、法国、意大利、荷兰、比利时、卢森堡、爱尔兰、西班牙、奥地利、葡萄牙和芬兰），并确定了欧洲中央银行执行董事会的人员构成。1998 年 7 月 1 日欧洲中央银行成立，总部设在德国的法兰克福。欧盟授权欧洲中央银行垄断发行欧元并制定欧元区统一的货币政策。

在第二个阶段，欧盟各成员国的主要相关工作是参照《欧洲联盟条约》确定的加入货币联盟的标准（通胀率≤1.5%，财政赤字率≤3%，政府债务率≤60%，长期利率≤2%），积极整顿金融，稳定物价和汇率，健全财政，控制财政赤字和公共债务（吴文旭，2001）。

三是初始启动阶段（1999～2001 年）。以 1999 年 1 月 1 日欧洲中央银行正式开始运营为标志，欧元正式启动。在此阶段，欧元仅作为转账货币，暂不发行欧元现钞，各成员国原有货币继续流通；但各成员国政府和金融市场统一使用欧元计价、支付和交易；在此期间，欧元与成员国原有货币按固定汇率折算。自 1999 年 1 月 1 日起，以欧元计价的信用卡、支票和其他电子转账业务开通，但消费者可自由选择使用本国货币还是欧元。

四是实质进展阶段（2002 年至今）。以 2002 年 1 月 1 日欧元现钞正式投入流通为标志，欧元进入实质进展阶段。各成员国原有货币在此后 6 个月内逐渐退出流通，欧元成为欧元区流通的唯一法定货币。从 2002 年 1 月至 2017 年 8 月，欧元区不断扩大，成员国从 11 个增加到 19 个。其中创始国 11 个：德国、法国、意大利、荷兰、比利时、卢森堡、爱尔兰、西班牙、葡萄牙、奥地利和芬兰，后加入 8 个：希腊（2001 年）、斯洛文尼亚（2007 年）、塞浦路斯（2008 年）、马耳他（2008 年）、斯洛伐克（2009 年）、爱沙尼亚（2011 年）、拉脱维亚（2014 年）和立陶宛（2015 年）。此外，摩纳哥、圣马力诺、梵蒂冈、安道尔、黑山、科索沃等非欧盟成员国也将欧元定为本国法定货币。截至 2017 年 8 月，欧盟成员国中未加入欧元区的尚有 8 个：丹麦（2002 年公决不加入，但与欧元实行钉住汇率）、瑞典（2003 年公决不加入）、波兰、匈牙利、捷克、罗马尼亚、保加利亚和克罗地亚。另外，英国通过全民公决决定退出欧盟。

2002 年以来，欧元国际化取得巨大进展，欧元的世界影响力越来越强，已经成为当今国际货币体系中仅次于美元的第二大国际货币。根据欧洲中央银行报告披露的数据，2016 年欧元在世界各国总储备货币中的比重达到 19.7%，此外，2016 年欧元在全球支付领域的比重也达到了 31.3%。[①] 欧元发展进程中发生的有代表性的事件，如表 4－1 所示。

**表 4－1 欧元发展进程中的代表性事件**

| 事件 | 时间 | 主要内容 |
| --- | --- | --- |
| 欧共体马斯特里赫特峰会 | 1991 年 12 月 9～12 日 | 1. 通过《马斯特里赫特条约》(简称《马约》,1992 年 2 月 7 日正式签署)。《马约》是对《罗马条约》的修订,包括《经济与货币联盟条约》和《政治联盟条约》两部分,主要内容是为成立欧洲政治联盟和经济与货币联盟确立目标与步骤。<br>2. 欧洲经济与货币联盟的目标:在密切协调成员国经济政策和实现欧洲内部统一市场的基础上,形成共同的经济政策。具体内容包括:<br>A. 在欧盟范围内统一货币;<br>B. 制定统一的货币兑换率;<br>C. 建立独立的欧洲中央银行体系。<br>3. 确定加入货币联盟的标准(经济趋同标准):<br>通胀率≤1.5%,财政赤字率≤3%,政府债务率≤60%,长期利率≤2%。<br>4. 成立欧洲经济与货币联盟的步骤:<br>第一阶段(1990～1993 年):<br>A. 实现资本自由流动,真正实现欧洲统一市场;<br>B. 实现各成员国经济政策完美协调。 |

① 《外媒：欧洲央行报告称欧元第二大货币地位“毫无争议”》，参考消息网，2017 年 7 月 7 日，http://www.cankaoxiaoxi.com/finance/20170707/2173793.shtml。

续表

| 事件 | 时间 | 主要内容 |
| --- | --- | --- |
| 欧共体马斯特里赫特峰会 | 1991 年 12 月 9 ~ 12 日 | 第二阶段(1994 ~ 1997 年):<br>建立欧洲中央银行正式成立前的替代机构——欧洲货币局,确定欧洲货币局主席由各成员国央行行长以外的人士担任。<br>第三阶段(1997 ~ 1999 年):<br>A. 最早于 1997 年 1 月 1 日、最迟于 1999 年 1 月 1 日,建立统一货币,最迟于 1999 年 1 月 18 日在欧元区内发行统一货币;此前各成员国须实行"经济趋同"——财政赤字不超过 GDP 的 3%,政府债务不超过 GDP 的 60%;<br>B. 最迟于 1998 年 7 月 1 日,建立独立的欧洲中央银行,其领导机构为欧洲央行管理委员会,该委员会成员由欧洲理事会和成员国中央银行总裁理事会任命;<br>C. 英国和丹麦获得不进入第三阶段的权利。 |
| 欧盟马德里峰会 | 1995 年 12 月 15 ~ 16 日 | 1. 将统一货币的时间推迟至 1999 年。由于欧盟大多数成员国尚不具备《马约》规定的经济趋同标准,因此将欧盟实行统一货币的日期从 1997 年 1 月 1 日推迟到 1999 年 1 月 1 日。<br>2. 重申将严格遵守上述时间表和《马约》规定的经济趋同标准。<br>3. 确定"欧元"为未来欧洲统一货币的名称。<br>4. 批准了欧洲货币局提出的"向单一货币过渡的计划",规定 1999 年至 2002 年为实现欧洲统一货币的过渡期,过渡期分为 4 个阶段:<br>A. 1998 年初,检查各国达标情况,确定有资格加入欧洲货币联盟的成员国名单;<br>B. 1999 年 1 月 1 日,锁定欧元区各成员国货币之间的汇率,正式启动欧洲统一货币;<br>C. 2002 年 1 月 1 日,欧洲中央银行开始发行统一货币,并启动各成员国原有货币和统一货币的兑换工作;<br>D. 2002 年 7 月 1 日起,欧元区各成员国原有货币全部退出流通,统一货币正式成为欧元区唯一法定货币。 |

续表

| 事件 | 时间 | 主要内容 |
| --- | --- | --- |
| 欧盟都柏林峰会 | 1996年12月13~14日 | 欧盟都柏林首脑会议基本完成了欧洲统一货币在法律上和技术上的准备工作。主要内容包括：<br>1. 确定了欧元7种面值纸币的样式。<br>2. 确定了欧洲货币局主席的新人选。<br>3. 讨论和制定了统一货币运行机制的3个主要文件：<br>一是《新货币汇率机制》，确定了尚未加入欧洲货币联盟国家货币与实行统一货币国家货币之间的关系。《新货币汇率机制》规定：从1999年1月1日起，以新的欧洲货币体系取代原来的欧洲货币体系；新欧洲货币体系以欧元为中心的中央汇率为基础，欧元与其他货币汇率浮动幅度为上下15%；当欧元区成员国货币在外汇市场上受到压力时，欧洲中央银行有义务实行相应的支援措施。<br>二是《预算稳定与增长公约》，其任务是确保欧元稳定。《预算稳定与增长公约》具体规定了对财政赤字超过《马约》规定标准国家的惩罚措施：当欧洲货币联盟任一成员国财政赤字超过GDP的3%时，欧盟应对该成员国进行惩罚，罚金为其GDP的0.2%；在此基础上，罚金增加的比例为超出部分的十分之一，但罚金最高不超过该成员国GDP的0.5%。<br>三是《欧元的法律地位》，正式确定欧元作为欧洲货币联盟所有成员国唯一的法定货币，规定欧元区各成员国原有货币最迟应在2002年6月底前全部退出流通。 |
| 欧盟阿姆斯特丹峰会 | 1997年6月16~18日 | 1. 对《马约》进行修改，制定了新的《欧洲联盟条约》——《阿姆斯特丹条约》。<br>A.《阿姆斯特丹条约》共有6大部分，20个章节。与《马约》相比，其内容更加强调保障欧盟国家的内部与外部的安全与稳定，补充了就业政策，附加了灵活性条款，加强了公民的基本权利等。<br>B. 修约的主要原因：在制定《马约》过程中，各成员国政府对欧洲一体化的艰巨性认识不足，致使在《马约》实施过程中产生了一系列问题。具体包括： |

续表

| 事件 | 时间 | 主要内容 |
| --- | --- | --- |
| 欧盟阿姆斯特丹峰会 | 1997 年 6 月 16 ~ 18 日 | 一是原来的《政治联盟条约》部分内容规定不具体，在法律上缺乏约束力，致使欧盟在国际事务中很难形成共同的政策和一致行动，从而降低了欧盟的国际影响力。<br>二是欧盟成员国已由最初的 6 国扩大到 15 国，原来的一些规定和相关机构不能适应欧盟扩张的现状。<br>三是 15 个欧盟成员国之间经济发展不平衡，利益存在严重冲突，欧盟的凝聚力下降，欧盟既有的体制已经阻碍了欧洲一体化的发展。<br>2. 正式批准了都柏林峰会上制定的《预算稳定与增长公约》、《欧元的法律地位》和《新货币汇率机制》。 |
| 欧盟布鲁塞尔峰会 | 1998 年 5 月 2 日 | 1. 批准欧盟经济和财政部长理事会提交的有关首批 11 个欧元区成员国的“建议”。<br>A. 欧元区首批成员国包括法国、德国、意大利、西班牙、比利时、荷兰、卢森堡、葡萄牙、奥地利、芬兰和爱尔兰。<br>B. 其他 4 个欧盟成员国中希腊因未能达标而落选，英国、丹麦和瑞典则由于各自的政治原因选择不加入欧元区。<br>2. 经过激烈争论，最终确定欧洲中央银行行长及执行董事会的人选。 |
| 欧洲中央银行成立 | 1998 年 7 月 1 日 | 1. 欧洲中央银行于 1998 年 7 月 1 日在德国的法兰克福正式成立。<br>2. 首任行长：前荷兰中央银行行长维姆·德伊森贝赫。<br>3. 主要职能：负责欧洲统一货币——欧元的发行，并致力于维护欧元的稳定。<br>4. 决策机构：管理委员会和执行委员会。<br>A. 管理委员会人员构成：执行委员会成员 + 欧元区各成员国中央银行行长。管理委员会为欧洲央行最高决策机构，负责制定统一的货币政策，确定统一的货币政策中介目标、基准利率和法定存款准备金率。管理委员会决策实行全体委员简单多数通过原则。<br>B. 执行委员会人员构成：欧洲央行行长 + 副行长 + 其他四名执行董事。执行委员会成员由欧盟委员会提名，欧元区成员国首脑会议任命。执行委员会决策实行全体成员简单多数通过原则。<br>5. 欧洲央行资本总额为 50 亿欧元，由欧元区各成员国依据其 GDP 和人口占欧盟比例认购。 |

续表

| 事件 | 时间 | 主要内容 |
| --- | --- | --- |
| 欧元正式启动 | 1999 年 1 月 1 日 | 1. 1999 年 1 月 1 日欧洲中央银行正式开始运营。<br>2. 1999 年 1 月 1 日至 2002 年 1 月 1 日，欧洲央行暂不发行欧元现钞，欧元仅作为转账货币。各成员国继续流通原有纸币，但成员国政府和金融市场统一使用欧元计价、支付和交易。<br>3. 欧元转账货币与成员国原有货币按固定汇率折算。<br>4. 以欧元计价的信用卡、支票和其他电子转账业务全面开通，但各成员国的消费者可自由选择使用本国货币还是欧元。 |
| 欧元现钞正式流通 | 2002 年 1 月 1 日 | 1. 2002 年 1 月 1 日，欧元纸币和硬币正式投入流通，成为欧元区各成员国的唯一法定货币。<br>2. 欧元纸币分为 5 欧元、10 欧元、20 欧元、50 欧元、100 欧元、200 欧元和 500 欧元 7 种面值。欧元纸币图案由欧洲各个时期的不同门、窗和桥梁三个基本建筑要素构成，代表欧盟的“开放、合作与沟通”精神。<br>3. 欧元区各成员国原有的现钞开始兑换成欧元。至 2002 年 2 月 28 日，欧元区各成员国政府全部停用原有货币，但民众可选择在 2022 年前的任何时间兑换手中的原有纸币。 |

资料来源：根据相关资料整理得出。

## 二　欧元国际化存在的不足

欧元作为一种超国家货币，一种超主权货币，是一项重大的金融创新，但是从欧元诞生之日起就存在一些内在的缺陷。具体体现在以下三个方面。

第一，欧元区经济基础不稳定。货币顺利流通的基础是使用者对货币购买力的信任。这种信任最初来自货币本身所具有的价值（金属货币时期）；当纸币出现后，与黄金等贵金属的可自由兑现保证了货币购买力的稳定；但当纸币与黄金脱钩成为纯粹的信用货币之后，不兑现纸币的购买力就只能根据它所能购买到的商品和劳务的数量来决定。因此，一国的经济总量越大，等量货币的购买力就越强；一国经济基础越稳定，人们对货币的信任就越坚实。也就是说，信用货币的实力取决于其流通范围内的经济基础。经济基础越扎实，货币的信用就越高。从这个角度看，欧元是有缺陷的。欧元区各国经济的发展程度参差不齐，区域经济一体化的发展高度尚达不到一个国家内的经济一体化标准，这意味着至少从稳定性的角度看，欧元的经济基础弱于美元和日元。

第二，欧元区政治基础不稳定。与美国和日本不同，欧洲货币联盟（欧元区）是由 19 个不同民族和不同文化的分散国家构成的，其文化和民族同质性不高，各成员国之间仍然在各个方面存在较大的差异。这意味着，与主权国家相比，欧元区缺乏凝聚力和向心力。任何政治和经济联盟总是通过利益联系在一起的。从长远的眼光看，只有当所有成员国的利益都趋于一致时，联盟才能得以存续。而欧元区各国之间的巨大差异（几乎是全方位的差异，包括文化、宗教、民族、经济等）很难保证成员国的利益总是保持一致。所以，历史上从来没有打不破的联盟。欧元区除非实现政治上的统一，将联盟变成联邦，否则，欧洲货币联盟（欧元区）的长期稳定性是很难得到保证的。内外部的经济冲击都可能对欧元的政治基础造成威胁，尤其是在经济困难时期，欧元区的离心力就会加大。事实也表明，从 1999 年欧元诞生到 2017 年的 18 年间，欧元区各成员国不是越来越紧密地团结在一起，而是逐渐分化，各成员国之间的利益冲突愈演愈烈，尤其是在欧债危机爆发后，欧洲民众更是对欧元区和欧盟未来的走向产生了迷茫，民粹主义开始盛行。

各种利益冲突在欧元区的货币蓄水池机制创造价值的非公平分配上体现得最为明显。由于欧元区南北两部分的文化和民族特性差异，北部国家（以德国为代表，包括荷兰、奥地利、芬兰和法国等）偏好于中长线投资、轻即时消费的文化理念，因此，就形成了高储蓄、低通胀的经济特征；而南部国家（以希腊为代表，包括葡萄牙和西班牙等）则相反，长期处于过度消费状态，从而形成了持续负储蓄的经济特征。造成这一结果的根源就是欧元区各成员国文化上的巨大差异，正如格林斯潘为英国《金融时报》撰稿时，引用基兰·凯利（Kieran Kelly）抱怨希腊文化的话，"如果我生在一个这样（希腊）的国家，我会觉得很难将自己的生活方式转变为德国式的——高税收、高资本积累、辛勤工作。周围就是没有这样的氛围"（艾伦·格林斯潘，2011）。

北部国家的高储蓄形成了货币蓄水池，但货币蓄水池机制创造的价值却通过欧元区内部的贸易和金融渠道源源不断地流入南部国家，从而成为支撑南部国家过度财政支出和过度消费的重要因素。按照美联储前主席格林斯潘的说法，南部国家的过度财政和过度消费之所以可以长期继续，就是因为统一货币使得南部国家得益于"享受补贴的借贷"，这种补贴来自北部国家"高储蓄、低通胀"带来的高信用等级。统一货币（欧元）的存在，使得南部国家可以按照较低的北部国家的货币借贷成本来获取资金，以支持其过度的财政支出和即时消费支出。背后的道理很简单，当欧元区统一货币之后，金融市场的参与者相信，为维护欧元，拥有强劲经济和金融实力的成员国不会坐视脆弱的成员国陷入危机，将整个欧元区视为一个信用单位是理所当然的。所以，市场基本上对所有欧元区成员国的信用一视同仁。欧洲中央银行的历史统计数据显示[①]，从1999 年欧元区成立到 2009 年欧债危机爆发，欧元区各国的国债收益率差距大幅缩减，南部国家国债收益率平均降幅在 100 个基点左右；欧元区各国金融市场的短期利率差也降到了 0. 02 个基点以下。

① 数据来自欧洲央行网站，http：//www. ecb. europa. eu/stats/financial_ markets_ and_ interest_ rates/html/index. en. html。

在利率趋同的情形下，欧元区的弱国（如希腊、葡萄牙等）也可以按照强国（如德国、法国等）的成本实现其融资需求，这在欧洲统一货币之前是不可想象的。

这就意味着，统一货币蓄水池机制所创造的价值未能得到公平的分配，分配更有利于不遵守财政纪律、花钱更为随意的成员。大量资本的外流导致欧元区北部国家投资匮乏，经济增长缓慢。根据欧洲中央银行和IMF的历史统计数据①，德国在1999～2008年的10年间，净投资水平在OECD中排名最后。1999～2008年，德国GDP年平均增长率仅有1.6%，在欧元区排名倒数第二，还不到希腊平均经济增速的一半（详见表4－2）。没有人会忍受伙伴长期占自己的便宜，因此，欧元区成员国之间的利益冲突会不断累积，直到突破临界点，那时欧洲货币联盟能否得以存续就是一个巨大的疑问了。显然，如果欧元区不能在政治上实现统一，统一的货币——欧元将很难继续。

**表4－2　1999～2008年欧元区各成员国的GDP增长率**

单位：%

| 国别 | 平均值 | 1999年 | 2000年 | 2001年 | 2002年 | 2003年 | 2004年 | 2005年 | 2006年 | 2007年 | 2008年 |
|---|---|---|---|---|---|---|---|---|---|---|---|
| 意大利 | 1.2 | 1.6 | 3.7 | 1.8 | 0.2 | 0.2 | 1.6 | 1.0 | 2.0 | 1.5 | -1.1 |
| 德国 | 1.6 | 1.9 | 3.2 | 1.8 | 0.0 | -0.7 | 0.7 | 0.9 | 3.9 | 3.4 | 0.8 |
| 葡萄牙 | 1.6 | 3.9 | 3.8 | 1.9 | 0.8 | -0.9 | 1.8 | 0.8 | 1.6 | 2.5 | 0.2 |
| 法国 | 2.0 | 3.4 | 3.9 | 2.0 | 1.1 | 0.8 | 2.8 | 1.6 | 2.4 | 2.4 | 0.2 |
| 比利时 | 2.3 | 3.6 | 3.6 | 0.8 | 1.8 | 0.8 | 3.6 | 2.1 | 2.5 | 3.4 | 0.7 |
| 奥地利 | 2.4 | 3.6 | 3.4 | 1.4 | 1.7 | 0.8 | 2.7 | 2.1 | 3.4 | 3.6 | 1.5 |
| 荷兰 | 2.5 | 5.0 | 4.2 | 2.1 | 0.1 | 0.3 | 2.0 | 2.2 | 3.5 | 3.7 | 1.7 |
| 芬兰 | 3.3 | 4.4 | 5.6 | 2.6 | 1.7 | 2.0 | 3.9 | 2.8 | 4.1 | 5.2 | 0.7 |

① 数据来自欧洲央行网站，http://www.ecb.europa.eu/stats/macroeconomic_and_sectoral/html/index.en.html。

续表

| 国别 | 平均值 | 1999年 | 2000年 | 2001年 | 2002年 | 2003年 | 2004年 | 2005年 | 2006年 | 2007年 | 2008年 |
|---|---|---|---|---|---|---|---|---|---|---|---|
| 希腊 | 3.5 | 3.1 | 3.9 | 4.1 | 3.9 | 5.8 | 5.1 | 0.6 | 5.7 | 3.3 | -0.3 |
| 西班牙 | 3.6 | 4.7 | 5.1 | 4.0 | 2.9 | 3.2 | 3.2 | 3.7 | 4.2 | 3.8 | 1.1 |
| 捷克 | 4.2 | 4.8 | 5.7 | 3.6 | 3.4 | 2.5 | 4.6 | 3.7 | 4.5 | 4.8 | 3.9 |
| 斯洛文尼亚 | 4.3 | 5.3 | 4.2 | 3.0 | 3.8 | 2.8 | 4.4 | 4.0 | 5.7 | 6.9 | 3.3 |
| 卢森堡 | 4.4 | 8.4 | 8.4 | 2.5 | 3.8 | 1.6 | 3.6 | 3.2 | 5.2 | 8.4 | -1.3 |
| 爱尔兰 | 5.5 | 10.6 | 9.5 | 5.8 | 6.3 | 3.1 | 6.8 | 6.0 | 5.5 | 5.2 | -3.9 |

资料来源：International Monetary Fund：World Economic Outlook Database，October 2017。

第三，欧元缺乏稳定的制度架构。欧元可以说是近20年来世界最重要的金融创新，它创造性地将货币从国家主权的范畴中剥离出来。但作为超主权货币，欧元也将自己置于尴尬之中。简单地说就是货币权与财政权之间关系处理的困境。自从凯恩斯论证了政府干预经济的必要性之后，现代政府就对本国经济稳定负有不可推卸的责任。在主权范围内，货币发行权与财政权是统一的。当经济遭遇冲击而陷入紧缩状态时，政府有责任利用财政权对经济进行干预，通过扩张性的财政政策刺激需求，拉动经济，而所需要的资金则主要通过融资解决。在这一过程中，货币权起到至关重要的作用，因为实质上财政透支最后总是通过货币发行来解决。因此，即使政府负债再多，只要拥有货币发行权，就不会对政府信用产生实质性冲击。就像现代日本政府虽然累积了巨额债务（希腊政府的负债规模与日本相比，只是一个零头），但只要它拥有货币发行权，就没有人会担心日本政府无法偿还债务。

欧元作为区域货币，在货币发行权上天然是超主权的；但财政权属于主权范畴。这样，欧元区的制度架构中非常重要的一点就是货币权与财政权的分离。欧元发行权归属超国家的组织——欧洲中央银行，而财政权仍然保留在各成员国政府手中。显然，这种制度架构带有内在的不稳定性。即当成员国经济遭遇冲击时，为维护经济稳定，政府通过财政支出向市场注资是必不可少的。在无货币发行权的条件下，其后果只能是主权债务的机制性持续累积。如果欧洲央行不救助（实际上这也是欧盟在欧债危机爆发前确立的原则），那么，主权债务危机爆发就是早晚的事情。如果欧洲央行对危机国进行救助，那么，道德风险就不可避免，救助就会成为对成员国违反欧盟财政纪律的一种另类激励。也就是说，对危机国不救助，很可能导致欧元区解体；对危机国进行救助，则意味着违反财政纪律的风险可能转嫁给遵守财政纪律的成员，其长期后果仍然是欧元区的解体。

## 第二节　欧洲央行的优势与不足

为了管理欧元这种超主权的货币，欧元区国家成立了一个超国家的中央银行——欧洲中央银行来对欧元进行管理。欧洲央行的设立是一项伟大的创举。哲学辩证法认为，任何事物都具有两面性。欧洲央行也不例外，其在对欧元的管理上发挥了积极的作用，但不可避免地，欧洲央行也存在一些缺陷。

### 一　欧洲央行的积极作用

在欧洲央行设立之初，欧盟赋予欧洲央行的主要任务是维持欧元区的物价稳定。欧洲央行将其短期货币政策目标定为整个欧元区通货膨胀率维持在0～2%，中期货币政策目标设定为整个欧元区通货膨胀率保持在2%左右（邹宗森等，2016）。根据表4－3的数据，从1999年欧洲央行正式运营到2016年的17年间，欧元区平均通货膨胀率为

1.7%，而同期世界平均通胀率为4.1%。数据表明，欧洲央行很出色地完成了任务，保证了整个欧元区物价的稳定，为各成员国经济健康发展创造了一个良好的货币环境。

**表4－3　1999～2016年欧元区和世界平均通货膨胀率的对比**

单位：%

| 年份 | 欧元区平均通胀率 | 世界平均通胀率 |
|---|---|---|
| 1999 | 1.2 | 6.1 |
| 2000 | 2.2 | 4.8 |
| 2001 | 2.4 | 4.6 |
| 2002 | 2.3 | 3.6 |
| 2003 | 2.1 | 3.8 |
| 2004 | 2.2 | 3.8 |
| 2005 | 2.2 | 4.0 |
| 2006 | 2.2 | 4.0 |
| 2007 | 2.2 | 4.3 |
| 2008 | 3.3 | 6.3 |
| 2009 | 0.3 | 2.7 |
| 2010 | 1.6 | 3.7 |
| 2011 | 2.7 | 5.0 |
| 2012 | 2.5 | 4.1 |
| 2013 | 1.3 | 3.7 |
| 2014 | 0.4 | 3.2 |
| 2015 | 0.0 | 2.8 |
| 2016 | 0.2 | 2.8 |

资料来源：International Monetary Fund：World Economic Outlook Database，April 2017。

## 二　欧洲央行存在的制度缺陷

欧洲央行存在的制度缺陷主要体现在以下两点。

一是单一的货币政策与区域不平衡存在冲突。根据《关于欧洲中央银行体系和欧洲中央银行规约的议定书》第 3 条的规定，欧洲中央银行体系负责制定并实施共同体的货币政策，实行两级货币政策体制：统一的货币政策由欧洲中央银行负责制定，各成员国中央银行负责具体实施（王艺霖，2016）。《欧洲同盟条约》将欧元区的所有货币政策工具（公开市场业务、法定存款准备金率和再贴现率）的行使权赋予欧洲中央银行，并授权欧洲中央银行垄断发行欧元。欧洲中央银行管理委员会（理事会）拥有欧元区统一货币政策的决策权，以物价稳定为主要终极目标，以利率为主要中介目标，制定和调整统一的基准利率。该委员会由欧洲央行的行长和副行长、欧盟所有成员国央行行长及 4 位执行董事构成，每人一票，采取简单多数的通过法则。货币政策的决策依据是整个欧元区的经济基本面数据，按不同成员国的经济实力赋予不同的权重，其中，最大的 3 个成员——德国、法国和意大利占有超过 60% 的权重（万志宏、陈汉鹏，2015）。各成员国没有自己独立的货币政策，实行的是由欧洲央行统一制定的单一货币政策。这意味着，欧洲央行的货币政策是较为僵化的，它不可能根据每个成员国的具体经济状态进行灵活调整。

区域不平衡的根源在于欧元区成员国的异质性。欧元区成员国的异质性主要表现在两点：一是区内各国经济相似度低，二是各国经济发展水平差异大。欧元区内有全球工业化国家人均 GDP 最高的卢森堡，也有刚超过发达国家标准贫困线的葡萄牙，有拥有世界最发达工业体系的德国，也有以农业为主的希腊。欧元区的区域经济一致性处于相对较低的水平，从而不可避免地与统一的货币制度发生冲突。欧元区成员国的异质性和经济不平衡常常将欧洲央行货币政策置于困难的处境。

在一个主权国家当中，虽然也存在地区间的经济差异，但在共同的市场下，国内紧密无间的经济联系使得不同的地区像一个个各不相同的零件共同组成的一台精密机器，虽然零件有差异，但它们作为一个整体是联动的。从经济学的角度讲，存在差异的国内各地区具有相同的经济周期。这对于一个主权央行而言，根据经济的基本发展趋势，选择一个最优的货币政策是可以实现的。但对于欧元区而言，经济结构迥然不同的各成员国像积木一样搭在一个底盘上，而不是一台联动的机器。即使底盘的运动方向相同，不同的积木倾倒的方向也一定会有差异。经济发展不平衡和一体化程度低使得欧元区各成员国在同一时段中会形成不同的经济周期。这对于一个超主权的欧洲央行而言，根本无法根据经济基本面选择一个区域的最优货币政策。如果将经济周期简化为紧缩和扩张两个基本阶段，那么，由于欧元区各成员国的经济周期不同步，在同一时间点上整个欧元区至少分化为两个截然不同的集团——扩张中的集团和紧缩中的集团。欧洲央行在这种情况下，根本找不到一个符合全体成员需求的最优货币政策。例如，紧缩性货币政策符合扩张集团抑制通胀的政策需求，但可能使紧缩集团萧条的经济雪上加霜。这意味着，对其中部分成员而言是最优的货币政策，可能成为其他成员经济的毒药。如果欧洲央行试图兼顾所有成员的政策需求，那么，最终选择的货币政策对每个成员而言都不是最优的。因此，在这种情况下，根本就不能奢望欧洲央行的货币政策会有多么理想的效果。

实际上，最优货币区需要具备三个基本条件。第一，成员国经济平衡发展，各国经济一致性水平高；各成员国应具有相近的经济结构、商业竞争力和政策偏好。第二，区域内市场一体化和政策一体化程度较高；区域内商品、劳动力、资金可自由流动，各成员国的货币政策、财政政策和汇率政策具有较高的协调性。第三，各成员国经济应具备灵活的自我调节能力；统一的货币政策会限制各成员国的政策空间和经济调整的灵活度，因此，各成员国的工资和物价需要具有足够的弹性，政策应有足够的调整空间和余地，以应对单一货币政策所带来的负面影响和经济的不对称冲击。最优货币区内各成员国的经济一致性越高、市场和政策一体化程度越高、经济自我调节能力越高，则统一货币政策的成本就越小、对各成员国的伤害就越低、货币联盟的稳定性就越高。显然，欧元区是在尚不完全具备上述三个条件的情形下仓促成立的。相对于区域经济一体化，欧洲货币一体化的步伐太快，最终成为欧洲央行制度体系上的一个缺陷。这一缺陷带来的后果是相当严重的。由于欧元区内各成员国经济实力相差太大，不同成员国在欧洲央行货币政策决策中的话语权会有大有小（尹力、戴芳芳，2012）。虽然，欧洲央行的制度设计原则就是保证欧洲央行具有绝对的独立性，但一国在欧元区的经济总量中占比越大，在欧洲央行货币政策决策中所占权重就越大，这样，欧元区成员国就形成了“中心—外围”两个层级。由此，欧洲央行的货币政策必然带有明显的倾向性，外围成员国需要为此额外付出更多的政策代价。对于那些经济结构和经济周期与中心国家迥异的外围国家而言，欧洲央行的货币政策常常无法满足其政策需求，迫使外围国家过度依赖财政政策应对经济波动，从而造成主权债务的制度性累积。此外，在遭受强力外部冲击时（如国际金融危机），那些经济结构和实力与中心成员国（德国、法国、卢森堡、比利时等）差异较大的外围成员国（希腊、葡萄牙、西班牙、爱尔兰等）就会成为整个欧元区的软肋，进而威胁到整个欧元区的稳定（邹宗森等，2016）。

二是金融监管制度架构存在缺陷。欧洲央行体系（由欧洲中央银行和欧盟所有成员国的央行组成）在维护金融稳定的制度建设方面存在重大缺陷。具体可总结为如下几个方面。

第一，微观审慎监管制度存在重大缺陷。从银行体系的微观监管角度看，欧洲央行体系的相关制度设计缺陷主要体现在欧洲央行层面的统一监管缺失。在货币统一以后，欧元区各国的商业银行体系仍然由所属国央行实行分散监管。尽管各国央行在欧盟层次上有监管合作机制，但本质上欧元区对银行体系的监管仍然属于国家主权范畴，制度上并未赋予欧洲央行统一监管的权利。这一制度缺陷导致极为严重的后果。在欧债危机爆发前，由于缺少欧洲央行的统一监管，各国央行为提高本国银行体系在欧元区内的竞争力，在银行监管领域展开了恶性竞争。即在商业银行疯狂追求规模扩张时，各国央行竞争性放松（至少是隐性的容忍）对本国商业银行体系资本充足率和杠杆率的限制，从而导致欧债危机前整个欧元区银行体系的过度杠杆化，最终，脆弱的欧洲银行体系面对国际金融危机的冲击几乎没有抵抗能力。

第二，统一的宏观审慎监管制度建设严重滞后。实际上，在设计欧洲央行制度之初，宏观审慎监管权就被纳入欧洲央行的基本职责范围之内。但由于部分成员国的反对，宏观审慎监管权最终仅成为欧洲央行一项有限的职责，而不是当初设定的基础性职责。这意味着，欧洲央行的主要职责是实现货币政策目标，金融稳定目标被制度性地忽视了。而这一点被学界普遍认为是欧债危机的重要成因之一。欧债危机爆发后，面对惨重损失，欧盟各国才汲取教训，于2013 年 10 月通过立法的方式授权欧洲中央银行对欧元区各国所有的金融机构实行宏观审慎监管，并可以对成员国“具有系统重要性”的金融机构进行直接监管（王艺霖，2016）。

第三，最后贷款人职能缺失。根据《关于欧洲中央银行体系和欧洲中央银行规约的议定书》第 14 条第 4 款的规定，欧洲中央银行不具有最后贷款人职能，该项职能被赋予各成员国央行（王艺霖，2016）。即使后来欧洲央行通过“欧版量化宽松政策”向市场注资，也是在疏通货币政策利率传导机制的名义下进行的。欧盟法律不允许欧洲央行以购入国债的方式对陷入财政危机的各成员国政府提供融资。这项法规的本意是预防道德风险，防止欧洲央行此类行动可能导致的货币超发，从而对整个欧元区的物价稳定造成威胁。但从欧债危机的角度看，欧洲央行最后贷款人职能的缺失所产生的负面影响是极为严重的。因为一个以货币发行权为保障的最后贷款人是市场信心的保证，是防止市场恐慌和危机蔓延的防火墙。如果在希腊出现主权债务危机苗头的时候，欧洲央行作为最后贷款人及时采取救助措施，安抚市场，提振信心，那么，就很可能不会再有什么“欧债危机”了。虽然在欧洲中央银行体系中，各成员国央行具有最后贷款人职能，但缺少货币发行权成为它们有效履行该项职能的巨大阻碍。更遑论指望别国央行以损害自己国家利益为代价，对危机国提供及时、充分的救助。

## 第三节　欧元国际化对欧元区经济及欧债危机的影响

欧洲货币统一构成欧元国际化最重要的内容。从这个角度看，欧元的先天不足、欧洲货币制度框架设计中存在的各种缺陷，不可避免地对整个欧元区经济的平衡发展造成严重的负面影响，从而为欧债危机的爆发埋下了隐患。

### 一　欧元国际化对欧元区经济的影响

欧元国际化有利于欧元区各国商品、资源和要素市场一体化，从而带来整个货币区福利的增加。货币统一降低了交易成本，促进了区内贸易的发展，促进了区内劳动力和资本的流动，对区域内各国经济发展具有重要意义（万志宏、陈汉鹏，2015）。但由于种种原因，欧元国际化也对欧元区各国经济形成较大的负面影响。具体来看，负面影响可分为三个方面。

一是货币统一增大了成员国宏观调控的难度。欧洲货币统一是建立在区内各国让渡货币主权的基础之上，各国政府失去了利率和汇率这两个至关重要的宏观经济调控工具。最重要的是，欧洲货币制度架构并未给成员国设计取代利率和汇率的新调控工具。财政、利率和汇率是一国政府调控经济最重要的三个手段，但对欧元区成员而言，因欧元国际化而三去其二，这无疑会增大区内各国政府宏观调控的难度。再加上拥有基准利率控制权的欧洲央行专注于反通胀，造成欧元区内各国普遍缺乏充分的刺激经济增长的政策调控手段，这对欧元区的经济增长和就业绝不是好消息。就像诺贝尔经济学奖得主斯蒂格利茨（Stiglitz，2016）在其著作《欧元：单一货币威胁欧洲未来》中写的那样："更重要的一点，欧元不应该存在下去，因为没有适当的货币联盟的保障机制，欧元对经济的影响就是邪恶的、有毒的。"

根据表4－4的数据可以看出，1999～2016年欧元区GDP平均增长率只有1.3%，只有同期世界平均GDP增速的1/3；即使与同是发达经济体的美国相比，也只相当于美国同期GDP平均增速的64%。

**表4－4　1999～2016年欧元区、美国和世界平均GDP增长率**

单位：%

| 年份 | 欧元区 | 美国 | 世界 |
|---|---|---|---|
| 1999 | 3.0 | 4.7 | 3.6 |
| 2000 | 3.8 | 4.1 | 4.8 |
| 2001 | 2.1 | 1.0 | 2.5 |
| 2002 | 1.0 | 1.8 | 3.0 |

续表

| 年份 | 欧元区 | 美国 | 世界 |
|---|---|---|---|
| 2003 | 0.7 | 2.8 | 4.3 |
| 2004 | 2.3 | 3.8 | 5.4 |
| 2005 | 1.7 | 3.3 | 4.9 |
| 2006 | 3.2 | 2.7 | 5.5 |
| 2007 | 3.0 | 1.8 | 5.6 |
| 2008 | 0.4 | -0.3 | 3.0 |
| 2009 | -4.5 | -2.8 | -0.1 |
| 2010 | 2.1 | 2.5 | 5.4 |
| 2011 | 1.5 | 1.6 | 4.2 |
| 2012 | -0.9 | 2.2 | 3.5 |
| 2013 | -0.3 | 1.7 | 3.4 |
| 2014 | 1.2 | 2.4 | 3.5 |
| 2015 | 2.0 | 2.6 | 3.4 |
| 2016 | 1.7 | 1.6 | 3.1 |

资料来源：International Monetary Fund：World Economic Outlook Database，April 2017。

欧元区经济长期低速增长，导致超高的失业率和持续低于潜在产出的 GDP。根据表 4-5 的数据可以看出，1999~2016 年，欧元区的平均失业率高达 9.6%，最高达到 12%；同期发达国家的平均失业率为 6.8%，最高也只有 8.3%；欧元区的年均和峰值失业率比同期发达国家的平均水平分别高出 2.8 个和 3.7 个百分点。

**表 4-5　1999~2016 年欧元区、发达国家平均失业率**

单位：%

| 年份 | 欧元区 | 发达国家 |
|---|---|---|
| 1999 | 9.8 | 6.6 |
| 2000 | 9.0 | 6.0 |
| 2001 | 8.4 | 6.1 |
| 2002 | 8.7 | 6.5 |

续表

| 年份 | 欧元区 | 发达国家 |
| --- | --- | --- |
| 2003 | 9.1 | 6.7 |
| 2004 | 9.3 | 6.5 |
| 2005 | 9.1 | 6.2 |
| 2006 | 8.4 | 5.8 |
| 2007 | 7.5 | 5.4 |
| 2008 | 7.6 | 5.8 |
| 2009 | 9.7 | 8.1 |
| 2010 | 10.2 | 8.3 |
| 2011 | 10.2 | 8.0 |
| 2012 | 11.4 | 8.0 |
| 2013 | 12.0 | 7.9 |
| 2014 | 11.6 | 7.3 |
| 2015 | 10.9 | 6.7 |
| 2016 | 10.0 | 6.2 |

资料来源：International Monetary Fund：World Economic Outlook Database，October 2017。

二是货币统一加剧了区域经济发展的不平衡。与欧元成立之前的预期相反，货币统一并没有使得欧元区内各国更紧密地联系在一起，反而导致区内贸易收支和资本的不平衡流动，从而形成了区域二元发展特征（万志宏、陈汉鹏，2015）。这种二元发展特征主要包括两点。

第一，区内经济增长分化为两种不同的路径。由于货币统一，之前货币实力较弱的外围国家（集中在欧元区的南部）融资成本大幅下降，刺激了这些国家的融资需求。外围国家的政府融资和消费融资持续增长，结果是资本从北部（中心国家）向南部（外围国家）流动。资本持续从中心流入外围带来两个后果，其一是大量资金支撑起南部国家的过度消费，导致从北部国家进口大量增加，结果是南部国家贸易收支持续逆差，北部国家持续顺差（见表4－7）。其二是北部中心国家的贸易收入和储蓄资本持续外流，导致投资增长乏力，进而拖累了经济增长；而南部外围国家由于资本持续流入，投资快速增长，进而带动经济较快增长。这样，欧元区内经济增长就分化为两种不同的路径：外围国家增长较快，而中心国家增长较慢。表4－6的数据显示，从欧元诞生的1999年到欧债危机爆发前的2008年，欧元区中心国家的GDP年均增长率为2.5%，而外围国家的GDP年均增长率则达到3.8%，是中心国平均增速的1.5倍。

**表4－6 1999～2008年欧元区中心与外围成员国GDP年均增长率**

单位：%

| 中心国 | GDP年均增长率 | 外围国 | GDP年均增长率 |
| --- | --- | --- | --- |
| 德国 | 1.6 | 希腊 | 3.5 |
| 法国 | 2.0 | 西班牙 | 3.6 |
| 意大利 | 1.2 | 葡萄牙 | 1.6 |
| 比利时 | 2.3 | 爱尔兰 | 5.4 |
| 奥地利 | 2.4 | 塞浦路斯 | 4.2 |
| 荷兰 | 2.5 | 斯洛文尼亚 | 4.3 |
| 芬兰 | 3.3 | | |
| 卢森堡 | 4.4 | | |

资料来源：International Monetary Fund：World Economic Outlook Database，October 2017。

重要的是，货币统一形成欧元区内有利于外围国家的资本循环：中心国家资本流入外围国家→外围国家投资、消费增长→从中心国家进口增加→资本回流中心国家→通过金融市场再次流入外围国家→……。这种资本区内循环造成外围国家外债持续累积。如果外围国家不能有效利用外部资本来提高自己的经济实力和产品竞争力，那么外债的偿还就会出现问题，从而为债务危机埋下隐患。

第二，区内经济不对称性加大。与预期相反，货币统一并没有减少欧元区内各成员之间的差异性，反而扩大了它们之间的不平衡；中心国家和外围国家之间的经济周期不同步性更加严重，欧元区分化为中心国家和外围国家两个迥异的经济周期集团。这一点可从图 4－1 中德国和希腊的不同经济走势中看出。

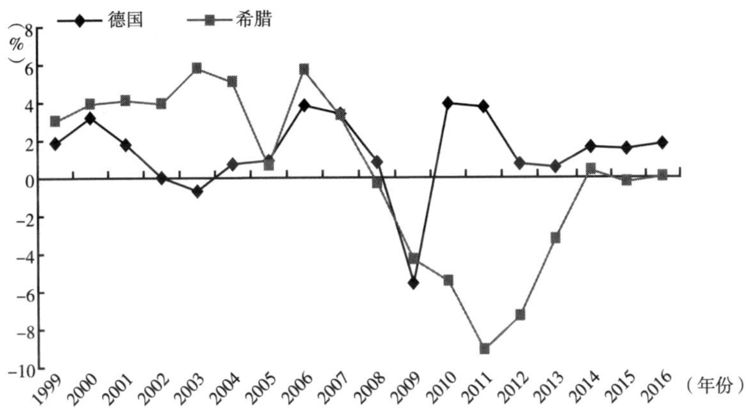


**图 4－1　1999～2016 年德国、希腊 GDP 增长率**

资料来源：International Monetary Fund：World Economic Outlook Database，October 2017。

三是货币统一放大了欧元区外围国家经济的脆弱性。货币统一加快了欧元区金融市场和要素市场的一体化进程，劳动力、资源和资本的自由流动更为便利，导致区内各成员国的劳动力价格、资源价格和金融资产价格等名义变量迅速趋同。但各国的技术水平、人口素质和要素市场弹性等结构性变量在短期内仍然存在较大差异。对技术水平和收入水平较低的外围国家而言，工资和生产资源价格快速上涨导致其生产成本迅速攀升，从而削弱了这些国家本就不高的产品竞争力，进而极大地侵蚀了外围国家长期经济增长的动力源泉。此外，外围国家经常账户的持续逆差（见表 4－7）和资本账户的持续顺差也造成这些国家的外债风险水平飙升。一方面是外债飙升，另一方面是竞争力下降和经济增长源泉枯竭，这意味着统一货币放大了欧元区外围国家既有的经济脆弱性（万志宏、陈汉鹏，2015）。

**表 4－7　1999～2008 年希腊、西班牙、意大利和葡萄牙经常账户逆差**

单位：10 亿美元

| 年份 | 意大利 | 西班牙 | 希腊 | 葡萄牙 |
|---|---|---|---|---|
| 1999 | 14.1 | －20.9 | －5.3 | －11.3 |
| 2000 | 0.6 | －26.3 | －7.8 | －12.8 |
| 2001 | 6.1 | －27.5 | －7.3 | －12.7 |
| 2002 | －3.4 | －26.5 | －10.5 | －11.4 |
| 2003 | －9.6 | －35.3 | －17.1 | －11.8 |
| 2004 | －6.2 | －59.8 | －18.6 | －15.8 |
| 2005 | －16.7 | －86.9 | －22.0 | －19.5 |
| 2006 | －29.2 | －113.8 | －31.4 | －22.3 |
| 2007 | －30.7 | －142.9 | －48.4 | －23.4 |
| 2008 | －67.7 | －152.0 | －53.8 | －31.9 |

资料来源：International Monetary Fund：World Economic Outlook Database，October 2017。

## 二　欧元国际化对欧债危机的影响

欧元国际化对欧债危机的影响主要表现在以下四个方面。

### （一）统一货币导致对财政的过度依赖

货币统一要求欧元区成员国将所有的货币权利上交到欧洲央行。但区内成员国之间的差异过大，欧洲央行的统一货币政策必然带有倾向性。对于那些经济结构和经济周期与中心国家迥异的外围国家而言，单一的货币政策常常与其政策需求相悖，这些成员国就只能过度依赖财政政策应对经济波动和外部冲击，从而造成该国政府债务的制度性累积，对其主权信用评级形成致命性影响。根据表

4－8 的数据，从 1999 年欧元诞生到 2009 年欧债危机爆发，欧元区各国政府总债务规模均有大幅提高。2009 年德国政府总债务规模是 1999 年的 1.4 倍，意大利也是 1.4 倍，西班牙是 1.6 倍，法国是 1.8 倍，希腊是 2.3 倍，爱尔兰是 2.4 倍，葡萄牙是 2.5 倍。数据表明，外围国家政府债务规模的增速远高于中心国家；经济实力越弱的成员国，其政府债务增长就越快。

**表 4－8 1999～2016 年部分欧元区国家政府总债务规模**

单位：10 亿欧元

| 年份 | 德国 | 法国 | 奥地利 | 荷兰 | 比利时 | 希腊 | 爱尔兰 | 意大利 | 葡萄牙 | 西班牙 |
|---|---|---|---|---|---|---|---|---|---|---|
| 1999 | 1238.6 | 847.5 | 124.6 | 241.3 | 279.4 | 132.3 | 43.2 | 1285.1 | 58.7 | 362.2 |
| 2000 | 1245.8 | 870.4 | 140.4 | 230.1 | 280.9 | 148.2 | 39.1 | 1302.5 | 61.6 | 374.6 |
| 2001 | 1258.7 | 897.3 | 146.3 | 232.1 | 286.0 | 163.0 | 40.5 | 1360.3 | 68.7 | 378.9 |
| 2002 | 1312.5 | 956.8 | 151.9 | 238.2 | 288.0 | 171.4 | 41.5 | 1371.7 | 75.5 | 384.1 |
| 2003 | 1400.2 | 1050.3 | 150.5 | 249.8 | 285.8 | 181.5 | 43.6 | 1397.5 | 79.9 | 382.8 |
| 2004 | 1470.6 | 1123.5 | 157.2 | 259.9 | 288.3 | 199.3 | 44.1 | 1449.7 | 85.8 | 389.9 |
| 2005 | 1541.4 | 1189.8 | 173.6 | 267.0 | 294.7 | 214.0 | 44.4 | 1518.6 | 96.5 | 393.5 |
| 2006 | 1591.3 | 1193.3 | 179.4 | 257.6 | 297.4 | 225.6 | 43.7 | 1588.1 | 102.4 | 392.2 |
| 2007 | 1599.8 | 1252.0 | 183.8 | 259.9 | 300.0 | 239.9 | 47.1 | 1605.9 | 120.1 | 383.8 |
| 2008 | 1668.8 | 1357.3 | 201.0 | 348.1 | 327.6 | 264.8 | 79.6 | 1671.1 | 128.2 | 439.8 |
| 2009 | 1785.5 | 1530.7 | 229.2 | 348.9 | 347.2 | 301.1 | 104.7 | 1770.0 | 146.7 | 568.7 |
| 2010 | 2088.7 | 1631.7 | 243.9 | 374.7 | 364.0 | 330.6 | 144.2 | 1851.5 | 173.1 | 649.3 |
| 2011 | 2128.1 | 1753.7 | 254.9 | 396.3 | 387.9 | 356.3 | 189.7 | 1907.8 | 196.2 | 743.5 |
| 2012 | 2204.5 | 1868.3 | 260.1 | 428.3 | 403.4 | 305.1 | 210.0 | 1989.9 | 212.6 | 890.7 |
| 2013 | 2189.2 | 1952.7 | 262.3 | 442.2 | 413.0 | 321.5 | 215.3 | 2070.0 | 219.7 | 978.3 |
| 2014 | 2188.7 | 2038.2 | 278.9 | 450.5 | 426.7 | 322.0 | 203.3 | 2137.1 | 226.0 | 1040.9 |
| 2015 | 2157.9 | 2097.4 | 290.8 | 440.6 | 434.0 | 315.1 | 201.1 | 2172.7 | 231.6 | 1073.2 |
| 2016 | 2119.2 | 2151.3 | 293.1 | 436.0 | 445.3 | 318.3 | 202.8 | 2217.7 | 241.1 | 1105.6 |

资料来源：International Monetary Fund：World Economic Outlook Database，April 2017。

### （二）统一货币导致监管弱化

货币统一必然带来金融市场的一体化。因此，在欧元诞生初始，市场预期会有一场大规模的银行兼并浪潮。为使自身在银行兼并浪潮中占据主动地位，欧元区内各商业银行开始疯狂扩张规模。但欧元区缺少对银行体系的统一监管，所以各成员国央行为提高本国银行体系的竞争力，在银行监管领域展开恶性竞争；容忍本国商业银行进行无序的规模扩张，放松对资本充足率和杠杆率的限制，从而导致欧债危机前整个欧元区银行体系的过度杠杆化，最终使得脆弱的欧洲银行体系面对美国次贷危机引发的全球金融危机的冲击几乎没有抵抗能力。在这种情况下，政府被迫投入巨量财政资金挽救本国脆弱的银行体系，从而导致政府债务水平急剧上升。

### （三）统一货币削弱了市场信心

如前文所述，一个以货币发行权为保障的最后贷款人是市场信心的保证，是防止市场恐慌和危机蔓延的防火墙。欧洲货币统一之后，货币发行权和最后贷款人职能产生错配：拥有货币发行权的欧洲央行没有最后贷款人职能，有最后贷款人职能的欧元区成员国央行没有货币发行权。货币统一使得欧元区各成员国央行失去了货币发行权，这极大地削弱了成员国央行最后贷款人职能的发挥。当希腊主权债务评级被连续下调，市场信心被重挫时，希腊央行对此有心无力。有能力救助的欧洲央行又受制于欧盟的“不救助原则”，而坐视希腊政府陷入困境。试想一下，如果在希腊出现主权债务危机苗头的时候，一个具有最后贷款人职能的欧洲央行及时采取救助措施，那么，欧债危机很可能就会被消灭在萌芽状态。

### （四）统一货币导致汇率失调

一国外部债务积累的根源在于本国国际收支持续失衡（逆差）。理论上，一个拥有主权货币的国家，国际收支具有自动调节机制，只要不存在政府的人为干预，国际收支失衡是不会长期持续下去的。其机制可简单总结如下：国际收支逆差→该国外汇收支失衡，外汇价格（汇率）在市场力量的作用下上升→本币贬值→促进出口、限制进口→该国净外汇收入增加→偿还外债。这种自动调节机制的关键节点是汇率的调整，因此一个具有较高弹性的汇率机制是基础。但欧洲货币统一后，欧元汇率的变动不再与具体成员国的国际收支直接关联，尤其是那些外围国家，本国国际收支的变化很难影响欧元汇率。这样，国际收支的自动调节机制就会失灵，该国的外部失衡就会持续下去，最终导致外债水平不断攀升。

根据表 4 -9 的数据可以看出，从 1999 年欧元诞生到 2008 年欧债危机前，欧元区各成员国贸易收支两极分化明显，外围国家的贸易收支受货币统一负面影响最为显著。北部各国（中心）基本维持顺差状态，南部各国（外围）持续逆差，并逐年恶化。2008 年希腊经常账户逆差额是 1999 年的 10.1 倍；西班牙是 7.3 倍；爱尔兰贸易收支则发生逆转，并连续恶化，2008 年经常账户逆差额是 2004 年（逆差的第一年）的 86 倍。

**表 4 -9　1999 ~2016 年部分欧元区国家经常账户差额**

单位：10 亿美元

| 年份 | 德国 | 法国 | 奥地利 | 比利时 | 荷兰 | 意大利 | 西班牙 | 希腊 | 爱尔兰 | 葡萄牙 |
|---|---|---|---|---|---|---|---|---|---|---|
| 1999 | -31.2 | 63.1 | -4.9 | 20.1 | 15.7 | 14.1 | -20.9 | -5.3 | 0.2 | -11.3 |
| 2000 | -34.2 | 36.1 | -1.4 | 9.4 | 7.3 | 0.6 | -26.3 | -7.8 | 0.6 | -12.8 |
| 2001 | -7.1 | 39.4 | -1.6 | 7.9 | 9.8 | 6.1 | -27.5 | -7.3 | 0.2 | -12.7 |
| 2002 | 39.3 | 31.7 | 4.5 | 11.6 | 11.0 | -3.4 | -26.5 | -10.5 | 0.3 | -11.4 |
| 2003 | 35.4 | 29.0 | 4.1 | 10.8 | 29.9 | -9.6 | -35.3 | -17.1 | 0.8 | -11.8 |
| 2004 | 125.8 | 23.9 | 6.3 | 11.4 | 44.3 | -6.2 | -59.8 | -18.6 | -0.2 | -15.8 |
| 2005 | 131.7 | 10.5 | 7.1 | 7.7 | 41.6 | -16.7 | -86.9 | -22.0 | -7.5 | -19.5 |
| 2006 | 170.7 | 10.5 | 11.1 | 7.5 | 57.2 | -29.2 | -113.8 | -31.4 | -12.4 | -22.3 |

续表

| 年份 | 德国 | 法国 | 奥地利 | 比利时 | 荷兰 | 意大利 | 西班牙 | 希腊 | 爱尔兰 | 葡萄牙 |
|---|---|---|---|---|---|---|---|---|---|---|
| 2007 | 232.5 | 2.5 | 14.8 | 7.0 | 50.1 | -30.7 | -142.9 | -48.4 | -17.6 | -23.4 |
| 2008 | 210.9 | -27.6 | 19.4 | -5.2 | 39.0 | -67.7 | -152.0 | -53.8 | -17.2 | -31.9 |
| 2009 | 196.7 | -22.5 | 10.4 | -5.2 | 50.0 | -41.4 | -64.3 | -40.8 | -11.0 | -25.5 |
| 2010 | 192.3 | -22.2 | 11.2 | 8.5 | 61.8 | -72.7 | -56.2 | -34.1 | -2.7 | -24.2 |
| 2011 | 229.0 | -28.3 | 7.0 | -5.7 | 81.3 | -68.6 | -47.4 | -28.8 | -3.9 | -14.7 |
| 2012 | 248.9 | -32.7 | 6.1 | -0.3 | 89.5 | -7.5 | -3.1 | -9.4 | -5.9 | -3.9 |
| 2013 | 252.9 | -24.6 | 8.4 | -1.7 | 85.5 | 20.5 | 20.7 | -4.9 | 5.1 | 3.5 |
| 2014 | 282.9 | -30.3 | 10.5 | -3.6 | 78.6 | 40.5 | 14.9 | -3.9 | 4.3 | 0.1 |
| 2015 | 280.3 | -4.8 | 7.0 | 2.0 | 65.1 | 29.6 | 16.3 | 0.2 | 29.0 | 0.1 |
| 2016 | 294.3 | -26.8 | 9.3 | 4.6 | 74.3 | 50.8 | 24.7 | -1.2 | 13.9 | 1.7 |

资料来源：International Monetary Fund：World Economic Outlook Database，April 2017。

# 第五章
# 欧元国际化影响欧债危机的路径和机制

从第四章的分析我们可以看出，欧元和欧洲央行都存在一些缺陷，欧元国际化引发了欧元区的一系列问题，为欧债危机的爆发埋下了隐患，最终引发了欧债危机。本章我们将进一步探讨欧元国际化影响欧债危机的路径和机制，进一步证明欧债危机的本质是货币危机，是欧元的危机。

## 第一节　欧元国际化引发欧债危机的传导路径

欧元国际化引发欧债危机的传导路径可概括为：欧元国际化要求欧元区统一货币政策→统一的货币政策导致欧元区国家财政政策与货币政策不匹配→宏观调控政策失效引发一系列问题→救助措施不力最终引发欧债危机。

### 一　欧元国际化要求欧元区国家实施统一的货币政策

欧元诞生之后，欧元区国家统一了货币，统一的货币就要求欧元区国家实施统一的货币政策。这就导致了如下两方面的问题。

一是货币统一使得欧元区各成员国失去了独立货币政策的基础。欧元设立后，欧元区国家放弃了自己的货币主权，使用了统一的货币——欧元，欧元的货币发行权归欧洲央行所有，欧元区各国央行没有欧元的发行权，而一个国家拥有独立货币政策的基础是其货币政策制定者——央行拥有货币发行权，尤其对于扩张性货币政策而言，不管是通过向商业银行提供贴现贷款，还是通过公开市场业务放松银根，央行向市场投放新的流动性其源头均在于货币创造。欧洲央行成立后，欧元区国家央行都失去了货币发行权，这同时也使得欧元区国家失去了独立货币政策的基础。独立货币政策的缺失，使得欧元区国家无法使用针对本国的货币政策对经济进行调控。而且，因为要实施欧洲央行制定的统一的货币政策，这些货币政策的制定并不能考虑到欧元区每个国家的情况，因此，有些欧元区国家实施这种统一的货币政策对经济发展是无效的，甚至是有害的。

二是最优货币区要求实行统一的货币政策。欧元区的成立是建立在最优货币区理论基础上的，最优货币区理论由欧元之父蒙代尔于 1961 年首先提出，后经麦金农等人不断补充和完善，形成系统的论述。最优货币区理论的基本思想是：若某一经济区域符合生产要素自由流动、经济开放度、生产多样化、金融一体化、通货膨胀和政策一体化等标准，则该区域即可成为一个最优货币区；区内实现货币一体化和统一货币政策无论是对提高微观经济效率还是实现宏观经济的内外均衡都是最优的（黄国妍，2009）。根据最优货币区理论，区内实行统一货币政策的理由有四个方面。第一，统一货币政策是最优货币区的内生要求。最优货币区的核心要求是区内各成员国经济发展状态具有“均衡性”，即各成员国经济应具有相似的经济结构、贸易结构、通货膨胀率以及冲击对称性（尹力、戴芳芳，2012）。这意味着，一方面，区内各成员国经济发展的均衡性使得各国经济周期趋于同步，从而为统一的货币政策奠定基础；另一方面，最优货币区理论强调冲击对称性是形成货币区的先决条件，而差别化的货币政策本身就是不对称冲击的来源，因此创建最优货币区内在地要求统一货币政策。第二，理论上最优货币区内国别化的货币政策无效。由于货币统一有力地促进了最优货币区内金融一体化和资本流动，区内各国金融资产的可替代性和资本流动的利率弹性均大幅提高。在此情况下，一国试图通过单边的货币扩张来拉动需求的政策意图，会因资本短期内的大规模外流而失败。具体地，若某成员国为降低失业率而实行扩张性货币政策，只要利率下降，具有极高弹性的资本流动就会立即做出反应，投资者相应地调整自己的资产组合，从而导致扩张性货币政策所释放的货币外流，利率恢复至原有水平，货币政策对总需求的刺激作用完全失效。此外，如果像新自由主义（货币主义、理性预期学派等）所主张的那样，菲利普斯曲线是一条垂直线，那么，扩张性的货币政策除了导致更高的通货膨胀以外，对就业和产出并不产生实质性影响。因此，国别化的货币政策就没有存在的必要，各成员国让渡货币政策主权给谨慎的货币联盟央行就是最优的选择。第三，货币统一背景下的差别化货币政策缺乏效率。差别化的货币政策意味着微观经济主体需要在不同标准下进行转换，这无疑将产生额外的交易成本（黄国妍，2009）。而且差别化的货币政策毫无疑问将造成新的金融投机行为，从而影响区内金融市场的稳定。第四，统一的货币政策具有更高的可操作性。与单一的货币政策相比，货币区实行差别化的货币政策更为复杂，在制定货币政策时不可避免地牵扯到欧洲央行和各成员国央行之间的政策博弈，因此，操作起来难度更高。此外，差别化的货币政策还将软化各成员国政府的财政预算约束，从而形成更高的通货膨胀倾向。

## 二　统一的货币政策导致欧元区国家财政政策与货币政策不匹配

根据《马斯特里赫特条约》的规定，欧元区各成员国在符合财政赤字和政府债务分别不超过 GDP 的 3% 和 60% 的约束条件下，可拥有独立的财政政策。这样，欧元区就形成了统一货币政策与分散财政政策的不对称格局。这种不对称格局的弱点就在于财政政策与货币政策的不匹配。财政政策与货币政策的不匹配主要体现在以下四个方面。

一是目标冲突。自20世纪80年代以来，政府货币政策取向由凯恩斯主义转向新自由主义。学界普遍接受货币主义对货币政策的观点：货币政策只在短期内影响就业和产出，但长期看货币是中性的。因此，欧洲中央银行在货币政策目标选择过程中，赋予物价稳定目标以绝对的优先权，就业和经济增长从来都不是欧洲央行的首选政策目标。为了保证把反通胀作为首要目标，在欧盟的制度框架中特意设计欧洲央行具有极高的独立性。但对于代议民主制度下产生的欧元区各成员国政府而言，需要对经济形势做出积极的反应，就业、增长和社会福利无疑将成为政府财政政策的主要目标（杜厚文、刘元春，2002）。显然，保就业和反通胀在同一个政策框架下是不相容的：保就业要求政策扩张，而反通胀要求政策紧缩。

二是政策冲突。统一货币政策和独立财政政策的决策主体在利益和政策目标选择方面存在分歧。货币统一也加快了欧元区经济一体化的进程，在此背景下各成员国的独立财政政策效应带有极强的外溢性，从而可能导致欧元区“财政扩张—货币紧缩”的恶性政策螺旋。具体地，若一国为增加就业和刺激经济增长而采取扩张性财政政策，对需求的刺激将通过进口渠道外溢至区内其他国家，使区域整体物价产生上涨压力；以物价稳定为首要目标的统一货币政策的决策主体对此的反应必然是紧缩货币以稳定区域物价，从而抑制了整个货币区的需求，导致成员国新一轮的财政扩张，如此循环，独立的财政政策与统一的货币政策之间的冲突将愈演愈烈。其结果是统一的货币政策和独立的财政政策互相掣肘，导致谁也无法完全实现其政策目标（袁建国、王德祥，2012）。

三是配合困难。诺贝尔经济学奖得主、荷兰经济学家丁伯根论证了政府经济政策与调节目标之间的关系，其结论是在各种政策调节工具均由政策决策当局集中掌控的前提下，N 个独立的政策目标必须运用至少 N 种独立的政策工具进行紧密的配合才能实现。但从近年来欧元区的运行实践可以看出，欧洲央行统一货币政策的着眼点是整个欧元区，而各国政府独立的财政政策则聚焦于本国经济的调整。因此，除非欧元区各成员国的经济周期完全趋同，否则统一的货币政策根本就无法与独立的财政政策形成有效配合。事实上，欧元区运行了将近 20 年，各成员国的经济不是趋同，而是逐渐分化。据第四章的图 4 - 1，从 1999 年欧元区建立以来，两个代表性国家——德国和希腊的经济周期差别明显，看不出有趋同的迹象。

四是欧盟层面的决策机制不匹配。为解决统一货币政策与分散财政政策之间的冲突，欧盟在制度架构上设计了欧盟层面的财政政策协调机制。但问题是，欧盟层面的财政政策协调决策实行欧盟理事会成员一致通过的原则，这意味着如果不能找到各成员国的利益平衡点（这在短期内通常很难做到），任何一个成员国政府均拥有否决权。显然，欧盟层面财政政策的决策程序效率很低。与此相比，统一货币政策决策程序的效率要高得多，只需要欧洲央行管理委员会成员简单多数通过即可。欧盟层面货币政策与财政政策决策机制的不匹配无疑成为政策配合的巨大障碍，从而增加了欧元区应对冲击的难度（随新玉，2003）。

## 三　宏观调控政策失效引发一系列经济问题

欧元区宏观调控政策失效引发了一系列的经济问题，具体表现在以下几个方面。

一是货币政策与财政政策冲突导致政府债务飙升、失业率维持在高位。由于货币政策统一，欧元区内各国政府失去了利率等货币政策调控工具，再加上统一的货币政策专注于反通胀，各国普遍缺乏刺激经济增长的调控手段，造成欧元区经济增长乏力、失业率维持在高位。根据表 5－1 的数据，1999～2009 年，欧元区平均经济增速只有 1.5%，仅约相当于世界平均经济增速 3.9% 的四成；而欧元区的平均失业率却高达 8.8%，比发达国家的平均失业率 6.3% 高出 2.5 个百分点。

**表 5－1　1999～2009 年欧元区和世界经济增长率和失业率**

单位：%

| 年份 | 欧元区经济增长率 | 世界平均经济增长率 | 欧元区失业率 | 发达国家平均失业率 |
|---|---|---|---|---|
| 1999 | 3.0 | 3.6 | 9.8 | 6.6 |
| 2000 | 3.8 | 4.8 | 9.0 | 6.0 |
| 2001 | 2.1 | 2.5 | 8.4 | 6.1 |
| 2002 | 1.0 | 3.0 | 8.7 | 6.5 |
| 2003 | 0.7 | 4.3 | 9.1 | 6.7 |
| 2004 | 2.3 | 5.4 | 9.3 | 6.5 |
| 2005 | 1.7 | 4.9 | 9.1 | 6.2 |
| 2006 | 3.2 | 5.5 | 8.4 | 5.8 |
| 2007 | 3.0 | 5.6 | 7.5 | 5.4 |
| 2008 | 0.4 | 3.0 | 7.6 | 5.8 |
| 2009 | －4.5 | －0.1 | 9.7 | 8.1 |
| 平均 | 1.5 | 3.9 | 8.8 | 6.3 |

资料来源：International Monetary Fund：World Economic Outlook Database，April 2017。

此外，财政政策与货币政策的冲突还导致欧元区成员国过度依赖财政工具调控经济，从而造成政府债务水平的制度性累积。从

1999 年欧元区成立到 2009 年欧债危机爆发的 10 年间，各成员国政府债务水平普遍飙升；速度慢的（如德国）政府债务规模上升了 0.4 倍，速度快的（如葡萄牙）政府债务规模上升了 1.5 倍。

二是统一货币政策的内部冲突影响区域经济平衡。欧元区统一货币政策的内部冲突主要体现在各成员国因各自的储蓄率和金融（融资）结构存在较大差异，货币政策传递机制存在偏差。在面对欧洲央行的统一货币政策调整时，不同国家的调整速度和政策效果各不相同。也就是说，统一的货币政策会对区内各国经济形成不对称冲击。其机制可总结为：欧洲央行运用统一货币政策工具（公开市场业务、再贴现率、存款准备金率）调整基准利率→各国货币供给量变动不同→各国市场利率水平反应不同→各国物价和产出受影响程度不同（杜厚文、刘元春，2002）。

具体地，冲击不对称性表现在对储蓄率较低、金融结构以短期利率的间接融资为主的国家（如意大利）而言，统一货币政策冲击对其产出影响较大（原因在于其投资的利率弹性较高），对其市场利率影响较小；对储蓄率较高、金融结构以固定利率的长期间接融资为主的国家（如德国）而言，统一货币政策冲击对其产出影响较小（原因在于其投资的利率弹性较低），对其市场利率影响较大（成新轩，2001）。

这种内生的不对称性冲击会产生严重的负面影响：货币政策的统一没有使欧元区各国经济趋同，反而造成区域经济的进一步分化。这意味着，面对外部不对称冲击，欧元区的防控能力因为“区内短板成员”的存在反而下降了。

根据表 5-2 的数据，1999~2016 年，欧元区各国平均储蓄率差异较大，最高的卢森堡（29%）比最低的希腊（13%）高出 16 个百分点，前者是后者的 2 倍还多；而欧元区各国平均通胀率因为上述内生不对称冲击的影响差异也很大，最高的斯洛伐克（4%）比最低的德国（1.4%）高出2.6个百分点，前者约为后者的3倍。

**表5-2　1999~2016年欧元区各国平均储蓄率和通货膨胀率**

单位：%

| 国别 | 平均储蓄率 | 平均通货膨胀率 |
|---|---|---|
| 爱尔兰 | 23 | 1.9 |
| 爱沙尼亚 | 24 | 3.5 |
| 奥地利 | 26 | 1.8 |
| 比利时 | 24 | 1.9 |
| 德国 | 25 | 1.4 |
| 法国 | 23 | 1.5 |
| 芬兰 | 25 | 1.7 |
| 荷兰 | 27 | 1.9 |
| 拉脱维亚 | 22 | 3.7 |
| 立陶宛 | 16 | 2.3 |
| 卢森堡 | 29 | 2.2 |
| 马耳他 | 20 | 2.2 |
| 葡萄牙 | 15 | 2.1 |
| 塞浦路斯 | 15 | 1.9 |
| 斯洛伐克 | 22 | 4.0 |
| 斯洛文尼亚 | 25 | 3.5 |
| 西班牙 | 21 | 2.2 |
| 希腊 | 13 | 2.2 |
| 意大利 | 19 | 1.9 |

资料来源：International Monetary Fund：World Economic Outlook Database，April 2017。

三是货币政策、财政政策与结构改革政策冲突导致既有结构缺陷固化。最优货币区顺利运行的一个重要条件是有弹性的劳动力市场和劳动力的自由流动，这是解决货币统一后不对称冲击的关键。而欧元区经济最大的结构缺陷恰恰是工资刚性和劳动力市场僵化。左翼政党在欧洲的长期执政造就了欧洲强大的工会力量，从而形成体制内缺乏弹性的工资机制。强大的工会甚至利用欧元区的建立，在劳动生产率未有明显提高的条件下实现了向区内最发达国家的工资水平看齐。以 2000～2008 年德国工资变动为基准，同期希腊工资相对上升 16.5%，爱尔兰上升 12%，葡萄牙、西班牙分别上升 7% 和 8%，意大利上升 3%。考虑各国相对德国劳动生产率变动的差异，同期五国劳动成本相对上升幅度在 25%～47%（卢锋，2011）。此外，代议民主制度又造成欧元区内普遍存在“福利超载”现象，这又成为劳动力流动的障碍。欧元区必须进行结构改革以弥补这个缺陷。但代议民主制度下产生的欧元区各国政府为减少政治压力，不约而同地选择了一种温和的、渐进式的结构改革道路。这种道路的实质是通过“发展”去解决问题，即用创造更多的就业机会去缓解（弥补）结构改革给工人带来的伤害。这就要求货币政策和财政政策与结构改革政策相配合，用扩张的货币和财政政策不断创造出新的就业机会，去配合劳动力市场的结构改革。

但问题是，为实现物价稳定的首要目标，欧元区统一的货币政策总体偏紧，而独立的财政政策又受制于《马约》对财政支出的约束（财政赤字率≤3%，政府债务率≤60%），其政策空间极为有限。这样，货币政策、财政政策和结构改革政策之间存在的冲突导致欧元区结构改革效果不佳，既有的工资刚性和劳动力市场僵化的结构缺陷被固化，从而损害了欧元区（尤其是外围不发达国家）

的经济竞争力，也使得它们在面对外部不对称冲击时缺乏足够的应对能力（杜厚文、刘元春，2002）。

## 四　救助措施不力深化了欧债危机

欧债危机始于 2009 年 12 月 8 日国际三大评级机构之一的惠誉将希腊国家信用等级由 A－降至 BBB＋。这是欧元区成立以来希腊国家信用首次降至 A 以下，因而引发市场恐慌。希腊国债的信用违约掉期（CDS）一路攀升 246 个基点，欧洲股市也大幅下跌，希腊股市当日急降 6%。随后在 16 日和 22 日其余两大评级机构——标准普尔和穆迪也先后下调希腊国家信用等级，希腊债务危机爆发。在希腊危机爆发后的近半年时间内，欧盟对是否救助债务危机国一直犹豫不决，行动迟缓。与此同时，IMF 的救助行动既不积极，也不主动。一直拖到 2010 年 5 月，欧盟和 IMF 才联合对希腊采取实质性救助措施，但为时已晚，市场趋势已经形成。从 2010 年 2 月开始，主权债务危机开始蔓延，葡萄牙、西班牙、爱尔兰和意大利先后陷入债务危机，欧债危机全面爆发。

最初，受制于《马斯特里赫特条约》的“不救助原则”[①]，欧盟和欧洲中央银行一直持观望态度，迟迟未出台救助措施，从而贻误了最佳救助时机。直到 2010 年 3 月 25 日，欧盟才首次推出支持希腊的救助方案。但由于欧元区各成员国分歧严重（主要是德国对救助希腊一直持保留态度），该方案严重缺乏必要的细节，既没有确定向希腊提供救助的具体数额，也未能确定欧盟和 IMF 有关救助资金的分摊数额。而且欧盟还声明这一救助机制只有当希腊无

---

① 《马斯特里赫特条约》明确规定了“不救助原则”，即欧元区每一个成员国都必须具有偿付能力，不能帮助别的成员国。

法从市场筹集到足够资金时才能启动（中国社会科学院欧洲研究所课题组，2010）。因此，市场严重怀疑欧盟救助希腊的决心，恐慌和投机气氛愈发强烈，债务危机开始向欧元区其他国家迅速扩散。事态发展到这一阶段，欧盟面对的问题不再是简单地救助希腊，而是要保卫欧元了。于是欧盟终于在 2010 年 4 月 11 日表态与 IMF 共同为希腊提供 450 亿欧元的救助贷款，5 月 2 日又将救助金额提高至 1100 亿欧元，5 月 10 日更是推出 7500 亿欧元的欧盟稳定机制，以期平息市场恐慌，恢复市场信心。

实际上，引发危机的希腊 2010 年 4 月和 5 月到期的国债总额不过是区区的 200 多亿欧元，2010 年全年到期的希腊国债总额也不过 550 亿欧元。这对于欧盟而言，远达不到“力不能及”的水平。显然，在应对危机时，欧盟和 IMF 反应迟钝、救助不力，延误了解决危机的最佳时机，从而非但没有平息市场的恐慌，反而放大了危机的传染效应，使希腊的债务危机不断恶化并迅速蔓延至葡萄牙、西班牙、爱尔兰和意大利等欧元区其他国家（王凡一，2018）。

## 第二节　欧债危机的本质与根源

从上文的分析可以看出，正是欧元的国际化，导致了欧元区国家财政政策与货币政策失调，进而引发了一系列问题，最终引发了欧债危机。因此，欧债危机的本质是欧元的危机，其根源是信用的危机。

### 一　欧债危机的本质是货币危机

从金融学的角度看，债务危机实质上是个信心问题。只要市场对债务人的偿付能力保持信心，债务就可以持续下去（比如可以不断地借新债还旧债）。国际金融市场中甚至还流通着一种永远不需要偿还的债券（统一公债）。投资者的信心来自债务人本身的实力。那么，希腊本身有什么实力被外国投资者看重，而愿意以较低的利率（相对于希腊未使用欧元之前）大量持有其发行的国债呢？1993 年希腊 10 年期国债相对德国利差高达十几个百分点，反映了市场对各国风险差异的不同评估和预期；加入欧元区后直至危机前，两国利差降至 0.5 个百分点以下（卢锋，2011）。实际上，希腊政府的实力在世界上 200 多个国家中并不算出色。希腊的经济总量有限，人均收入水平一般，经济竞争力也一般，其经济还是以农业为主，没有什么出色的工业基础，也没有太多的经济亮点。外国投资者之所以看重希腊国债，根本原因是欧元，是希腊欧元区成员国的身份，是欧元区整体的经济实力，是欧元作为超主权货币的良好信誉。外国投资者在意的是欧元坚挺的购买力，尤其是欧元的购买力并不因希腊本身孱弱而受到影响，可以有效地避免投资所面临的币值风险。欧元区作为一个整体不会坐视欧元出问题。即使希腊有问题，为保卫欧元，欧元区其他国家也不会放任不管。这实质上是希腊国家信用所拥有的一个坚实的隐性担保。欧盟在欧债危机应对过程中的表现，也表明市场的这种预期并没有原则性的错误。欧盟虽然犹豫不决，但最终还是出手相救了。相比于经济实力更强的欧元区成员国的国债（如德国），希腊国债的收益率更高，但市场风险却因统一货币的存在而几乎没有差别。也就是说，投资希腊国债在风险没有增加的情况下（与德国等国相比），能获取更高的收益。所以，希腊债务的累积从金融学的角度看，是欧元的功劳。

希腊主权债务危机的根源在于欧元。理论上来看，债务可分为政府债务和私人债务，政府债务又可分为内债和外债。对于一个拥有主权货币的国家而言，政府内部债务的违约风险要远远小于私人债务和政府外部债务。只要政府掌控货币发行权，内部债务最终可通过货币超发解决。也就是说，政府内部债务约束是软约束。因此，债务危机基本上是指私人（主要指企业）债务违约和政府外债违约。私人没有货币发行权，政府也没有外汇发行权，因此这二者的债务约束都是硬约束。

但希腊的情况特殊，它的外债大部分也是用本币——欧元计价的。根据国际清算银行公布的数据，2009 年希腊外债规模约为 2230 亿欧元，约占其政府债务总额的一半。债权人大部分是欧元区内的金融机构，其中仅法国、德国、英国和葡萄牙 4 国商业银行对希腊的贷款就超过 1/3，4 国贷款规模分别为法国 381 亿欧元（约合 530 亿美元）、德国 244 亿欧元（约合 340 亿美元）、英国 94 亿欧元（约合 131 亿美元）、葡萄牙 73 亿欧元（约合 102 亿美元），而美国银行的贷款只有区区 74 亿美元（约合 53 亿欧元）。[①]

欧元的存在使得希腊的内债和外债的区分变得模糊起来。对希腊而言，欧元就是本币，从这个意义上说，希腊发生主权债务危机的概率应该极小，因为它的债务大部分是“内债”。但欧元是超主权货币，使用欧元的希腊并没有欧元的发行权，希腊政府的债务不管是内债还是外债，其债务约束其实都是硬约束。因此，希腊政府的偿付能力其实很脆弱，而这种脆弱性来自一种特殊的货币——欧元。从这个意义上讲，欧债危机的本质是欧元的危机。

有这样一个事实可作为上述结论的佐证：与债务大国日本相

---

① 数据来源于国际清算银行网站，http：//www. bis. org/statistics/secstats. htm。

比，危机爆发前的希腊无论是经济表现、政府收入能力、政府债务绝对规模和相对规模等债务相关指标均优于日本。根据表 5 - 3 的数据，2009 年日本 GDP 增长 -5.4%，希腊 GDP 增长 -4.3%，日本经济衰退程度要比希腊更严重；2009 年希腊政府收入占 GDP 比例为 38.9%，日本只有 29.1%，希腊高出近 10 个百分点；2009 年希腊政府总债务规模为 4193 亿美元，而日本则高达 109114 亿美元，希腊政府债务规模仅是日本的零头，日本政府债务的绝对规模是希腊的 26 倍；2009 年希腊政府债务与 GDP 之比为 126.7%，日本则高达 208.6%，日本政府债务的相对规模是希腊的 1.6 倍。单是数据对比，日本应该比希腊更有“资格”爆发主权债务危机。但是，几乎没有人担心日本政府会爆发债务危机，各方面情况都要稍好的希腊却陷入危机。希腊经济与日本经济有什么本质区别吗？最大的区别就是希腊使用的是超主权货币，而日本使用的是主权货币，日本政府拥有货币发行权，而希腊没有。

**表 5 - 3　2009 年希腊与日本主权债务相关指标对比**

| 指标 | 单位 | 希腊 | 日本 |
|---|---|---|---|
| GDP 增长率 | % | -4.3 | -5.4 |
| 政府收入 | 10 亿美元 | 128.8 | 1521.2 |
| 政府收入/GDP | % | 38.9 | 29.1 |
| 政府总债务 | 10 亿美元 | 419.3 | 10911.4 |
| 政府总债务/GDP | % | 126.7 | 208.6 |

资料来源：International Monetary Fund：World Economic Outlook Database，April 2017。

就欧债危机的特征性内涵而言，其本质上是欧元的危机。“欧债危机的酝酿发酵，深深打上欧元内在机制作用的烙印（卢锋，

2011)。”

首先，统一货币下实际汇率错配引致的国际收支危机是欧债危机的重要起源。如表 5 – 4 的数据所示，发生主权债务危机的欧元区成员国在危机前普遍长期存在严重的国际收支失衡问题。

**表 5 – 4　1999 ~ 2009 年欧债危机爆发国经常账户余额**

单位：10 亿美元

| 年份 | 意大利 | 西班牙 | 希腊 | 爱尔兰 | 葡萄牙 |
|---|---|---|---|---|---|
| 1999 | 14.1 | –20.9 | –5.3 | 0.2 | –11.3 |
| 2000 | 0.6 | –26.3 | –7.8 | 0.6 | –12.8 |
| 2001 | 6.1 | –27.5 | –7.3 | 0.2 | –12.7 |
| 2002 | –3.4 | –26.5 | –10.5 | 0.3 | –11.4 |
| 2003 | –9.6 | –35.3 | –17.1 | 0.8 | –11.8 |
| 2004 | –6.2 | –59.8 | –18.6 | –0.2 | –15.8 |
| 2005 | –16.7 | –86.9 | –22.0 | –7.5 | –19.5 |
| 2006 | –29.2 | –113.8 | –31.4 | –12.4 | –22.3 |
| 2007 | –30.7 | –142.9 | –48.4 | –17.6 | –23.4 |
| 2008 | –67.7 | –152.0 | –53.8 | –17.2 | –31.9 |
| 2009 | –41.4 | –64.3 | –40.8 | –11.0 | –25.5 |

资料来源：International Monetary Fund：World Economic Outlook Database，April 2017。

从出口的角度看，希腊等国持续逆差的成因在于要素成本和实际汇率上升导致其出口竞争力下降。各国引入欧元后，要素价格变动差异显著。以德国工资变动幅度为基准，2000 ~ 2008 年希腊、爱尔兰、葡萄牙、西班牙和意大利的工资水平相对德国基准幅度分别提高了 16.5%、12%、7%、8% 和 3%。如果将上述 5 国相对德国劳动生产率的变动差异也考虑在内，2000 ~ 2008 年欧债危机5国的劳动成本相对提高幅度更是达到25%～47%的高水平。希腊等国在劳动力成本上升的同时，内部实际汇率也大幅升值。2000～2008年，爱尔兰、希腊、西班牙、意大利和葡萄牙的实际汇率相对德国分别升值50%、27%、31%、34%和24%（卢锋，2011）。

从进口融资的角度看，希腊等国持续逆差的成因在于欧元体制为欧元区外围国家同时提供债务融资的必要性和便利性。理论上，贸易逆差导致的外汇超支主要通过政府借入外债来解决。但长期的逆差意味着政府需要持续从国际金融市场融资。除美国外，普通国家通常难以在国际金融市场得到低成本的持续融资。这种融资瓶颈实际上就是市场对外部持续失衡和过度负债的自然外在约束。而希腊等国之所以能打破市场约束，其原因在于欧元体制的一个显著特征——欧元引致区域金融市场投资即“欧元偏向效应”，客观上给欧元区外围国家同时提供债务融资的必要性和便利性。一方面，由于货币统一，之前货币实力较弱的外围国家融资成本大幅下降（希腊长期国债与德国国债的利差从十几个百分点降至0.5个百分点以下），从而客观上显著提升了希腊等欧元区外围国家的融资能力；另一方面，欧元体制在为外围国家提供债务融资便利的同时也支撑起中心国家的持续贸易顺差，外围国家负债增长给中心国家贸易顺差增长提供了需求条件，这是欧元体制为外围国家提供债务融资必要性的体现。

其次，“统一货币与分散财政”的欧元体制激励各国财政“搭便车”，诱致其持续滋生大规模财政赤字的道德风险，导致希腊等国政府债务的制度性持续累积。在欧元体制下，统一货币固定了汇率风险，金融一体化又固定了通胀风险，政府又可以在金融市场持续获取低成本债务融资，所以各国政府只需要扩张财政即可实现增长目标，其结果就是政府债务的过度膨胀。

最后，统一货币使得各成员国失去利用汇率和利率等常规价格工具防控危机的能力，最重要的是欧元体制又并未给成员国设计替代利率和汇率的新调控工具。

## 二 欧债危机的根源是信用危机

理论上，债务危机是一个债务主体破产和债务重组的过程，它有两个条件：一是债务人无法清偿到期债务，二是市场对债务人失去信心。

从主权债务的角度看，对上述第一个条件，由于政府总是采用借新债还旧债的方式来延续债务，旧债的本息来自新债；因此政府无法清偿到期债务等同于政府无法以“合理”的利率获取债务融资，国债收益率飙升总是政府债务违约的先兆。对第二个条件，债务危机的爆发和蔓延主要是市场对政府信用丧失信心引致的。当市场对政府按期偿还未来债务的能力产生怀疑时，投资者就会改变预期。当政府的债务水平和结构等关系到债务安全的基础变量进入危机区域时，市场就会失去对政府的信任。债务危机实质上是个信心问题，但市场的信心是脆弱的，极易受到影响。投资者是敏感的，万一发现他的预期有误，投资者就会马上进行调整，市场的风向可能在瞬间发生逆转。从行为金融学的角度看，投资者并非理性，羊群效应始终存在。所以，如果有负面信息冲击（比如上述之基础变量），除非债务人能有进一步的有效行动（可以是传送某种有效的应对信息），否则市场预期就会发生变化，在得到初步信息确认后（有可能仅仅是心理上的主观印证），市场风向会逆转，甚至引发恐慌。

只需简单回顾一下欧债危机的起点，即可清楚地看到欧债危机的根源是信用的危机。整个事件的起因是2009年10月希腊新政府上台后，为揭露上届政府执政失当，主动公布了旧政府财政数据造假的真相，并向欧洲统计局重新提交了修正后的希腊政府财政数据。其中，2008年财政赤字占GDP比重由5%提高到7.7%，2009年财政赤字占GDP比重的预估数据也由3.7%提高至12.5%。这意味着希腊的财政指标已经远远超过欧盟关于财政赤字占GDP比重不得超过3%的红线。所以数据一经公布，市场一片哗然，希腊长期国债的收益率开始走高。2009年12月，三大国际信用评级机构先后宣布下调希腊国家信用等级，这成为压倒骆驼的最后一根稻草。市场对希腊政府的可持续负债能力彻底失去信心，希腊长期国债收益率立即飙升。至2010年4月，希腊10年期国债收益率已经突破10%，与2007年的4.29%相比，上升了133%；希腊2年期国债收益率甚至涨至19%的高位，仅一个月的时间就上升了313%（雷达、张月红，2010）。如此高的国债收益率事实上断绝了希腊政府通过市场进行正常债务融资的渠道，希腊的政府债务问题演变为主权债务危机。

显然，欧债危机不是单纯的由流动性引发的债务危机，而是信用的危机。危机的根源是市场自我实现的预期：一旦市场信心受到负面冲击，预期某国政府债务违约风险上升，市场就会要求更高的国债收益率，而国债收益率的上升最终使得政府债务违约风险真实加大，当市场信心完全丧失时，主权债务危机就会爆发（刘友余，2014）。

## 第三节　欧元国际化影响欧债危机的机制

欧元国际化影响欧债危机的机制主要可以分为以下几个方面。

## 一 货币政策独立性消失导致汇率调节机制失效

欧债危机的汇率渠道可归结如下：货币统一→汇率失去弹性→削弱出口竞争力→贸易收支逆差→外债累积→政府债务无法延续。

如前文所述，一个富有弹性的汇率机制是国际收支自动调节机制的核心。当一国外部失衡时，通过汇率的自动调整，进出口相对价格的变化将使国际收支自动回复到平衡状态。逆差形成的政府外债会随着出口相对价格下降、出口竞争力增强、外汇收入增加而自动弥补，这样政府债务就是可持续的。但欧元区货币统一后，成员国货币政策失去独立性，欧元汇率调整权归于欧洲中央银行。对任何一个成员国而言，欧元汇率都是缺乏弹性的。尤其是对欧元区的外围国，欧元汇率变化与本国经济基本面的相关性更低，汇率弹性也就更差。这样，当希腊等国面对因国内要素价格上升、经济增长乏力和国际金融危机等内外冲击时，它们无法像以前那样通过本币贬值来缓冲，结果是出口竞争力下降，贸易收支持续逆差，外债不断累积，最终造成政府债务无法延续。

根据表 5－5 的数据，欧元区成立之前的 1991～1998 年，希腊、爱尔兰、意大利、葡萄牙和西班牙 5 国年平均出口增长率为 8.3%；欧元区成立之后到欧债危机爆发前的 1999～2009 年，5 国年平均出口增长率降至 3.5%，其中希腊平均下降 0.5 个百分点、爱尔兰平均下降 6 个百分点、意大利平均下降 4.8 个百分点、葡萄牙平均下降 4.8 个百分点、西班牙平均下降 8.3 个百分点。数据表明，加入欧元区后，汇率失去弹性削弱了希腊等国的出口竞争力，导致其出口增速下滑，5 个主权债务危机国的出口增速整体平均降幅达到 4.8 个百分点。而出口增速下滑又导致 5 国的贸易收支持续恶化。1991～1998年5国平均年贸易逆差额为9亿美元；1999～2009年，5国平均年贸易逆差额增至267亿美元。数据表明，希腊等国的贸易逆差额在加入欧元区后均大幅增加，整体平均增加额达到257美元。其中希腊平均增加211亿美元、爱尔兰平均增加71亿美元、意大利平均增加275亿美元、葡萄牙平均增加149亿美元、西班牙平均增加579亿美元。随着出口增速下滑、贸易逆差增加，希腊、爱尔兰、意大利、葡萄牙和西班牙的政府债务规模也节节攀升。1991～1998年5国平均年政府债务规模为3056亿欧元，1999～2009年5国平均年政府债务规模增至4474亿欧元；其中希腊平均增加1185亿欧元、爱尔兰平均增加114亿欧元、意大利平均增加3881亿欧元、葡萄牙平均增加453亿欧元、西班牙平均增加1461亿欧元。数据表明，5国的政府债务规模在加入欧元区后均大幅增加，整体平均增加额达到1418亿欧元。

**表5－5 1991～2009年欧债危机爆发国出口、贸易收支和政府债务对比**

| | 出口增长率（%） | | 经常账户差额(10亿美元) | | 政府债务总额(10亿欧元) | |
|---|---|---|---|---|---|---|
| | 1991～1998年平均值 | 1999～2009年平均值 | 1991～1998年平均值 | 1999～2009年平均值 | 1991～1998年平均值 | 1999～2009年平均值 |
| 希腊 | 4.5 | 4.0 | －2.8 | －23.9 | 85.2 | 203.7 |
| 爱尔兰 | 12.0 | 6.0 | 1.3 | －5.8 | 40.6 | 52.0 |
| 意大利 | 6.2 | 1.4 | 10.8 | －16.7 | 1095.6 | 1483.7 |
| 葡萄牙 | 7.5 | 2.7 | －3.1 | －18.0 | 47.8 | 93.1 |
| 西班牙 | 11.5 | 3.2 | －10.8 | －68.7 | 258.5 | 404.6 |
| 五国平均值 | 8.3 | 3.5 | －0.9 | －26.7 | 305.6 | 447.4 |

资料来源：International Monetary Fund：World Economic Outlook Database，April 2017。

## 二 欧元国际化导致国别化的宏观经济调控机制失调

欧债危机的政策冲突渠道可总结为如下两条。一是统一货币政策与独立财政政策冲突→财政政策效应外溢→财政扩张与货币紧缩螺旋→财政扩张链条断裂→债务危机。二是货币政策、财政政策与结构改革政策冲突→影响结构改革效果→工资刚性和劳动力市场僵化的结构缺陷被固化→应对冲击能力不足。

第一，在欧元体制下，统一货币固定了汇率风险，金融一体化固定了通胀风险，欧元体制为外围国提供了债务融资的便利性，所以各国政府只需要扩张财政即可实现增长目标。

第二，统一货币政策与独立财政政策的制度架构对各国财政扩张形成激励，诱致大规模持续财政赤字的道德风险，导致各国政府债务过度膨胀。

第三，统一货币政策条件下，各国独立的扩张性财政政策效应带有极强的外溢性，引发货币区整体物价上涨压力，统一货币政策为稳定物价而紧缩货币，从而抑制了整个货币区的需求，导致各国新一轮的财政扩张。这样，就形成了“财政扩张——货币紧缩”的恶性政策螺旋，最终导致财政扩张链条无法持续，引爆主权债务危机。

第四，欧元区各国政府为减少政治压力，实行温和的、渐进式的结构改革政策，但受制于货币政策目标和欧盟财政纪律约束，结构改革政策缺乏货币政策和财政政策配合，影响结构改革效果，使得既有的工资刚性和劳动力市场僵化的结构缺陷被固化，最终导致成员国尤其是外围国在面对外部冲击时缺乏足够的应对能力。

## 三 欧元国际化引致债务错觉导致市场机制失灵

欧债危机的债务错觉渠道可归结如下：欧元国际化→内外债模

糊→市场谨慎程度降低→助推债务膨胀→预期逆转形成市场恐慌。

现阶段的欧元国际化具有两个特征：一是整个欧元区实现货币统一，二是欧元成为与美元类似的国际货币。货币统一导致欧元区成员国的内债和外债的区别变得模糊起来，使得市场产生债务错觉。对于欧元区外围成员国而言，在没有使用欧元之前，市场对投资该国发行的外汇计价国债是相当谨慎的，要充分考虑该国是否具有足够的创汇能力以支撑其外债融资需求，并在购买该国外债时要求给予相应的利率（风险）补偿。此种“谨慎”和“补偿”，对该国外债发行形成制约。该国政府既要采取必要行动向市场证明其具备足够的外债偿付能力，还要在发行外债时付出额外的风险贴水。这样的发行成本是极高的，市场的接受度也是相对有限的。但当该国加入欧元区后，国内流通的本币是欧元区统一的货币——欧元，而且是一种仅次于美元的国际硬通货。对于市场而言，该国在国际金融市场发行的以欧元计价的债券与该国的内债无异；该国在国际金融市场发行的以美元计价的债券，虽然不是内债，但其本币——欧元本身就是一种国际货币，可以很容易兑换成美元，所以与内债的差别也不大。不管是哪种情况，市场都认为加入欧元区后该国的债务风险比之前都要下降很多。这种债务错觉使得外国投资者在购买该国国债时，不再像之前那么谨慎，也不再像之前那样要求较高的额外风险补贴。即使考虑到单个成员国没有欧元的发行权，这一缺陷也被欧元区整体不会坐视该国陷入危险从而危及欧元的安全的市场预期所弥补。因此，欧元区外围成员国发行外债变得更加容易，融资成本也更低，从而对该国债务的过度膨胀形成激励。但债务错觉实际是市场对该国偿还债务能力的高估。希腊还是原来的希腊，不会仅因为它使用了欧元，其债务清偿能力就会发生根本性的改善。因此，这是一种实实在在的“错觉”。建立在“错觉”

基础上的对该国偿付能力的市场信心必然是脆弱的。一旦这种过分乐观的预期稍受挫折（如希腊的数据造假、信用评级下降等），市场预期就会迅速改变（希腊是希腊，欧元是欧元，使用欧元的希腊也会违约），甚至是反转，形成市场恐慌，最终引爆主权债务危机。

## 四　欧元国际化引发欧美地缘经济之争导致国际经济协调机制失衡

欧债危机的地缘竞争渠道可归结如下：欧元国际化→欧美地缘经济竞争→国际货币基金组织救援迟缓→助推市场恐慌气氛。

在应对希腊主权债务危机的初始黄金时期，美国控制下的国际货币基金组织的救助行动既不积极也不主动，使得之前行之有效的国际经济协调机制完全没有发挥出应有的作用，这也是欧债危机的重要成因。

首先，美元霸权关系到美国的核心利益。所谓美元霸权是指美元在全球金融领域所具有的独一无二的特殊地位，及由此而产生的对世界经济的巨大影响力。自1944年布雷顿森林体系建立至1999年欧元诞生的半个世纪内，美元在国际贸易、国际结算和金融投资领域中占据了统治地位，其他的国际化货币——英镑、马克、法郎和日元作为竞争对手几乎不能对美元形成实质上的压力，国际货币体系事实上形成了美元寡头垄断的格局。美国作为冷战后世界上唯一的超级大国，其核心支柱有两个：一个是军事霸权，另一个就是货币霸权。

美元霸权对美国意味着什么？答案有三个。第一，美元霸权是美国超高消费水平的基础。20世纪前半叶，美国拥有占全球统治地位的制造业，巨大的产能支撑着不断提高的消费水平，使美国人民享受着地球上最为富裕的生活。但自20世纪60年代开始，美国制造业的国际竞争力不断下降，同时制造业产值占GDP的比重也不断萎缩。20 世纪 70 年代爆发的石油危机又进一步重创了美国的制造业，使得美国传统制造业失去了全球领先地位。至 21 世纪，美国制造业占 GDP 的比重已经降至 20% 以下。显然，不断萎缩的制造业是支撑不起美国人民超高的消费水平的。或者说，相对于美国的制造能力，美国人的高消费是“过度”的，在理论上是不可持续的。而美国的解决之道就是利用美元霸权，通过持续的贸易逆差“无偿”占有别国的资源以支撑本国的高消费。其机制可总结为：美国发行美元→输出美元，进口外国商品→弥补本国生产不足，满足高消费需要→输出美元通过国际投资渠道回流美国→再进口→……。显然，如果一国的货币不是世界主导货币，那么本质上该国进口的商品是用出口的商品交换而来的，国际贸易的本质也是不同国家资源的互通有无，一国没有能力长期无偿占有别国的资源，因此持续的贸易逆差是不可能的。但美元霸权使得美国可以用“无价值”的纸币几乎无限地购买外国的商品，所以即使美国的制造业没落了，但“无偿”获取的外国商品填补了缺口，使得美国的高消费得以为继。可以说，美国人的幸福生活在很大程度上是建立在美元霸权的基础上的。表 5 -6 的数据体现出美元霸权带来的持续贸易逆差对美国消费的重要作用。1999 ~2016 年美国的货物贸易逆差平均占到其全部实物消费的 21.4%，最高时该比例达到 27.6%。不妨想象一下，如果失去了美元霸权，美国人的消费还能维持现在这样的高水平吗？

**表 5 -6 1999 ~2016 年美国消费与贸易逆差**

单位：10 亿美元，%

| 年份 | 实物消费总额 | 货物贸易逆差 | 逆差/消费 |
| --- | --- | --- | --- |
| 1999 | 2286.8 | 363.6 | 15.9 |
| 2000 | 2452.9 | 477.4 | 19.5 |
| 2001 | 2525.2 | 450.1 | 17.8 |

续表

| 年份 | 实物消费总额 | 货物贸易逆差 | 逆差/消费 |
|---|---|---|---|
| 2002 | 2598.6 | 507.1 | 19.5 |
| 2003 | 2721.6 | 578.3 | 21.2 |
| 2004 | 2900.3 | 710.8 | 24.5 |
| 2005 | 3080.3 | 831.6 | 27.0 |
| 2006 | 3235.8 | 892.1 | 27.6 |
| 2007 | 3361.6 | 872.2 | 25.9 |
| 2008 | 3375.7 | 882.0 | 26.1 |
| 2009 | 3198.4 | 549.3 | 17.2 |
| 2010 | 3362.8 | 690.7 | 20.5 |
| 2011 | 3596.5 | 783.5 | 21.8 |
| 2012 | 3739.1 | 790.8 | 21.2 |
| 2013 | 3834.5 | 749.5 | 19.5 |
| 2014 | 3970.5 | 792.0 | 19.9 |
| 2015 | 4033.2 | 812.7 | 20.2 |
| 2016 | 4121.4 | 799.1 | 19.4 |
| 平均 | 3244.2 | 696.3 | 21.4 |

资料来源：U. S. Bureau of Economic Analysis：Time Series，1999 – 2016。https：//www. bea. gov/iTable/iTable. cfm？reqid = 19&step = 2#reqid = 19&step = 3&isuri = 1&1921 = survey&1903 = 5。

第二，美元霸权是维系美国经济繁荣的基础。二战后，每当美国经济陷入严重危机时，美国政府总是通过过度扩张货币来解决问题。这对于一般国家而言是饮鸩止渴，因为过剩货币最终会导致严重的通货膨胀，使本国经济陷入困境。但对于美国而言，美元霸权可以让美国政府通过输出过剩货币的方式向世界转嫁危机成本，进而维持本国物价的稳定。

第三，美元霸权是美国维系全球话语权的基础。由于美元是世界主导货币，持有美元不仅意味着对美国资源的索取权，同时也可以实现对世界几乎所有国家的资源拥有索取权。因此，美国除了军事威慑外，还经常通过向外国提供美元援助贷款的方式来实现其国际影响力。最重要的是，这种“经济援助”对美国而言，成本极低且能力几乎是无限的，因为美国只要简单地开动“印钞机”即可，而不用担心本国的生产能力是否能支撑其货币的超发，显然这种特权来自美元的霸权。

其次，欧元国际化冲击美元霸权。如前文所述，借助二战后建立的布雷顿森林体系，美元取代英镑成为世界主导货币，获得了一币独大的国际地位，最终实现了美国的全球金融霸权。在欧元诞生之前，美元没有实力相当的竞争对手，不管是曾经的霸主——英镑，还是新兴的力量——马克、法郎和日元，都对美元霸权形成不了实质上的威胁。但欧元的诞生改变了国际货币竞争的格局，欧元作为唯一实力相当的竞争对手，对美元霸权形成巨大冲击，严重威胁到美国的全球金融霸权，从而引发欧美地缘经济之争。

根据表 5－7 的数据：1999～2016 年欧元区的平均经济总量相当于美国的 78%，最高时约为美国经济总量的 96%；1999～2016 年欧元区的平均对外贸易总规模是美国的 1.2 倍，最高时约为美国对外贸易总量的1.4 倍。

**表 5－7　1999～2016 年欧元区与美国经济实力对比**

单位：亿美元，%

| 年份 | 欧元区 | | 美国 | | 欧元区/美国 | |
|---|---|---|---|---|---|---|
| | GDP | 外贸总额 | GDP | 外贸总额 | GDP | 外贸总额 |
| 1999 | 71251 | 21969 | 96606 | 22014 | 74 | 100 |
| 2000 | 64984 | 23470 | 102848 | 25286 | 63 | 93 |
| 2001 | 65891 | 23527 | 106218 | 23832 | 62 | 99 |
| 2002 | 71882 | 24896 | 109775 | 23824 | 65 | 105 |

续表

| 年份 | 欧元区 | | 美国 | | 欧元区/美国 | |
|---|---|---|---|---|---|---|
| | GDP | 外贸总额 | GDP | 外贸总额 | GDP | 外贸总额 |
| 2003 | 88547 | 29543 | 115107 | 25373 | 77 | 116 |
| 2004 | 101514 | 35706 | 122749 | 29300 | 83 | 122 |
| 2005 | 105397 | 39697 | 130937 | 32719 | 80 | 121 |
| 2006 | 111809 | 45636 | 138559 | 36584 | 81 | 125 |
| 2007 | 128859 | 54018 | 144776 | 39802 | 89 | 136 |
| 2008 | 141788 | 61154 | 147186 | 43511 | 96 | 141 |
| 2009 | 129386 | 48273 | 144187 | 35080 | 90 | 138 |
| 2010 | 126669 | 54211 | 149644 | 41632 | 85 | 130 |
| 2011 | 136335 | 63409 | 155179 | 47470 | 88 | 134 |
| 2012 | 126447 | 62040 | 161553 | 49293 | 78 | 126 |
| 2013 | 131923 | 64260 | 166915 | 50022 | 79 | 128 |
| 2014 | 134927 | 66843 | 174276 | 52130 | 77 | 128 |
| 2015 | 116491 | 59386 | 181207 | 50156 | 64 | 118 |
| 2016 | 119225 | 59613 | 186245 | 49157 | 64 | 121 |
| 平均 | 109629 | 46536 | 140776 | 37621 | 78 | 121 |

资料来源：International Monetary Fund：World Economic Outlook Database，2017；World Trade Organization：Time Series，1999 - 2016，http：//stat. wto. org/Statistical Program/WsdbExport. aspx？Language = E。

上述数据表明欧元区拥有与美国接近的经济实力，欧元有资格有实力成为美元强劲的竞争对手。根据欧盟公布的数据，至欧债危机爆发前，欧元在 IMF 特别提款权中的份额从 7% 提高至 37.4%，接近于美元 41.9% 的份额；在国际债券市场中，欧元的份额更是提升至 45%，远超美元 32% 的份额。显然，欧元在国际金融领域已经对美元的霸权地位构成巨大的威胁。面对触及其核心利益的严重威胁，美国不可能坐视欧元挑战美元霸权。欧元国际化不可避免地引发了欧美地缘经济之争。正如国内著名学者时寒冰在其著作《时寒冰说：欧债真相警示中国》中所说："凡是触碰美国最核心利益的国家，不是遭到军事打击，就是遭到严厉制裁；不是发生动荡，就是发生经济或金融危机。这种规律一再被验证，难道这仅仅是巧合吗？"（时寒冰，2012）

最后，欧美地缘经济之争导致国际经济协调机制失衡。如前文所述，欧元国际化对美元霸权构成巨大威胁。二战以来，有资格对美元霸权形成真正威胁的货币只有欧元。欧元国际化不仅削弱了美元的国际结算货币定价权，同时也严重影响了美元全球铸币税收益，可以说欧元威胁到了美国最核心的国家利益。任何不利于欧元的事件出现，都是美国政府和华尔街所乐见的。因此，美国没有动力去主动协助欧洲应对债务危机。美国在国际货币基金组织拥有决定性的投票权，可以说事实上美国控制了 IMF。在此背景下，IMF 的救助行动既不积极也不主动，就是一件极其自然的事了。但这对市场信心的打击却是致命的。在希腊刚刚爆发危机的那段时间，在欧盟受制于《马约》"不救助原则"而无法有效应对的前提下，IMF 积极有效的救助行动就是恢复市场信心的唯一希望。但 IMF 反应的"迟钝"与救助条件的"刻薄"彻底摧毁了市场信心，将希腊等国打入深渊。

第六章

# 欧元国际化对欧债危机影响的实证分析

从前面章节的分析我们可以看出，正是欧元的诞生导致欧元区国家货币政策与区域经济发展不平衡之间存在冲突，统一的汇率制度使欧元区各国经济发展水平差距不断扩大，货币政策与财政政策的不统一增大了欧元区成员国宏观调控的难度，加剧了经济复苏的困难，扩大了希腊等外围国家经济的脆弱性，导致这些国家主权债务不断积累，最终爆发了债务危机。现有的研究文献中基于欧元国际化视角研究欧债危机的实证分析类研究成果很少。本章利用面板回归模型对欧元国际化对欧债危机的影响进行了实证分析。虽然欧债危机席卷了整个欧元区国家，但是不同国家受影响的程度并不相同，选取欧元区国家作为研究样本的效果并不明显。因此，本书选取了深受欧债危机困扰的葡萄牙、意大利、爱尔兰、希腊、西班牙作为研究样本进行实证分析。

## 第一节　变量选取和数据选择

### 一　变量选取

鉴于欧债危机问题本身是一项复杂的经济难题，其债务水平的增减不仅受到欧元国际化程度的影响，更受制于欧元区经济发展水平、外汇储备水平、货币供应量、贸易水平等多方面因素。本书将选择具有代表性的控制变量，剥离非欧元国际化因素，利用面板回归模型，对二者的相互作用关系加以刻画。下面对各变量的选取进行说明，变量类别及其符号详见表 6 - 1。

表 6－1　变量选取汇总

| 变量类别 | 选取指标说明 | 表示符号 |
| --- | --- | --- |
| 自变量 | 欧元国际化水平的测度 | $X1$ |
| 因变量 | 欧债危机的测度 | $Y$ |
| 控制变量 | 贸易差额 | $X2$ |
| | 国内生产总值增长率 | $X3$ |
| | 货币供应量(M2) | $X4$ |
| | 消费者信心指数 | $X5$ |

### （一）欧元国际化水平的测度

Kenen（1983）首次界定了国际货币功能的概念。他指出一种货币之所以可以成为国际货币，在于其能够为国内外居民提供交易支付、贮藏融通、价值尺度等多方位职能。尤其在国际贸易、国际结算和国际投资领域，国际货币可以充当重要的媒介发挥相关作用。一种货币成为国际货币需要拥有广泛的市场认可度，同时拥有自由浮动的汇率制度，而欧元自欧盟成立以来，便顺利实现了欧元的区域一体化与国际化进程。张光平（2011）曾给出有关货币国际化程度度量的简单方法，即货币在国际外汇市场中的交易占比，对欧元国际化程度进行测量。货币国际化需求包含贸易结算、交易、储备与风险管理等诸多方面，无法被国际外汇市场的交易占比完全反映。但国际外汇市场中欧元的交易占比与上述需求之间有着极强的相关性，因此可以利用其作为欧元整体国际化程度的近似替代。但该数据因每日欧元交易量数据异常庞大，无论是 BIS（国际清算银行）还是 IMF（国际货币基金组织）都没有准确对其年度交易量数值进行刻画的数据流出。本书将选择道琼斯公司公布的欧元指数对其进行近似替代。欧元指数选择基期为 1998 年 12 月 31 日，欧元指数的上升代表着市场对于欧元的需求增加，反之代表市场对欧元的需求下降。该指标可以通过 Investmenting. com 网站进行实时下载。表6－2便反映了欧债危机爆发时期（2009年1月至2010年1月）欧元指数的变化情况。

表6－2 欧元指数月度走势

| 日期 | 最新 | 开盘 | 高 | 低 |
|---|---|---|---|---|
| 2009年1月 | 97.11 | 104.67 | 105.69 | 95.82 |
| 2009年2月 | 97.82 | 97.00 | 100.84 | 95.10 |
| 2009年3月 | 101.99 | 97.59 | 105.23 | 95.98 |
| 2009年4月 | 101.19 | 101.95 | 104.48 | 98.57 |
| 2009年5月 | 105.22 | 101.16 | 106.42 | 100.04 |
| 2009年6月 | 104.91 | 105.01 | 107.17 | 102.25 |
| 2009年7月 | 105.35 | 104.88 | 106.80 | 102.50 |
| 2009年8月 | 105.83 | 105.45 | 107.32 | 103.77 |
| 2009年9月 | 107.47 | 105.79 | 109.21 | 104.36 |
| 2009年10月 | 107.70 | 107.45 | 110.73 | 105.99 |
| 2009年11月 | 109.08 | 107.60 | 110.33 | 106.14 |
| 2009年12月 | 105.77 | 109.03 | 110.33 | 104.66 |
| 2010年1月 | 102.54 | 105.80 | 107.35 | 102.17 |

资料来源：由世界银行统计数据库和财汇金融数据库整理得到。

由表6－2可以看出，欧元指数在危机时期，总体变化趋势是向下的，即欧元在这一时期表现出走衰的迹象。鉴于本书选取年度数据进行计量分析，我们将利用月度数据的加权平均将这一指标整合为年度数据，再进行实证检验。

### （二）欧债危机的测度

欧洲债务危机是指欧洲债务的非可持续性，它代表着欧洲债务总额的不断激增却无法通过财政收入加以平衡。因此，无论是20

世纪 80 年代的拉美主权债务危机，还是 2009 年爆发的欧洲主权债务危机，都与大规模债务量息息相关。然而，债务总量的绝对水平并不能很好地作为债务危机的反映。债务水平占本经济体国内生产总值比例的高低，才是衡量一国债务是否可持续，是否存在主权信用破产风险的依据。因此，本书将选择葡萄牙、意大利、爱尔兰、希腊、西班牙政府债务占国内生产总值的比重作为欧债危机的测度指标。

### （三）贸易差额

贸易差额是指国家经常账户进出口总额之间的净差额，它是欧元区国际收支状况的鲜明反映。国际收支顺差，预示着欧元创汇总量的提升，即经济体有足够的能力去偿付外债，缓解债务危机的持续恶化。葡萄牙、意大利、爱尔兰、希腊、西班牙的贸易差额数据来自欧盟统计局每年公布的欧盟国家国际收支表。

### （四）国内生产总值增长率

国内生产总值增长率是欧元区各常驻单位在一定时期内生产的所有最终产品和劳务的市场价值的增长比率。国内生产总值增长率是欧元区进行国民经济核算的核心指标，也是衡量一个国家的总体经济状况的重要指标。国内生产总值的增加是欧元区经济复苏的重要指向，更是缓解债务危机持续恶化的重要动力来源。

### （五）货币供应量（M2）

货币供应量（M2）是指欧元区狭义货币供应量（M1）与定期存款、居民储蓄存款和其他存款之和。由于欧洲实施统一的货币政策制度，欧元区各国已经丧失了货币政策的独立性。欧元区的货币供应量水平对欧债危机的化解起到决定性作用。欧元区 M2 数据来自 trading economic 网站。图 6－1 反映了欧元区 M2 的变化趋势。

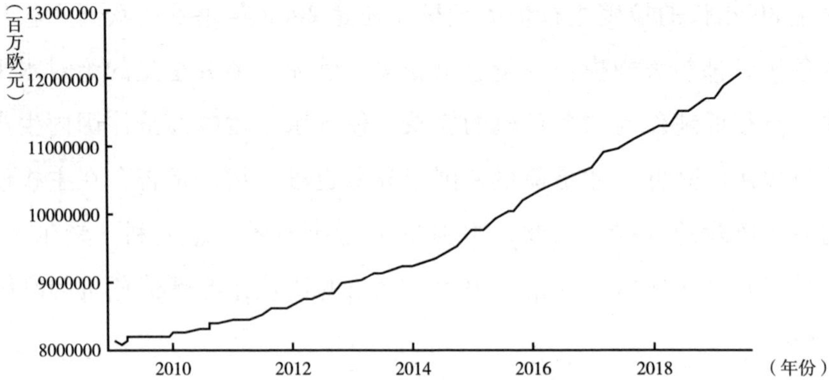


**图 6-1　2008~2018 年欧元区 M2 的变化趋势**

### (六) 消费者信心指数

消费者信心指数是反映消费者信心强弱的指标。它代表着消费者对本国未来经济形势、自身收入水平预期的心理感受。消费者信心指数是一项先行指标，它预示着公众对于欧洲经济未来走势的乐观与悲观反映。显而易见，消费者信心指数的走高预示着市场对欧洲债务问题在长期内化解表示乐观。葡萄牙、意大利、爱尔兰、希腊、西班牙的消费者信心指数数据均来自欧盟统计局每月对消费者的调查，进而编制成对应指数。同样，鉴于本书选取年度数据进行计量分析，我们将利用月度数据的加权平均将这一指标整合为年度数据，再进行实证检验。

## 二　数据选择及来源

本书选取 1999 年到 2016 年的年度数据作为样本，主要出于以下两点考虑。

第一，1999 年是欧元诞生的元年，欧元区统一的货币制度开始施行，故选择 1999 年作为本书实证分析的起点。

第二，欧洲债务危机爆发于2009年，其后的7年时间，欧元区历经了债务累积，经济由恶化趋向于好转。故本书选择2016年作为观察的终点，这有助于我们进一步追踪债务总量的演变情况，进而深入探析欧元国际化对欧洲债务影响的长期趋势。

本章数据主要来自世界银行的统计数据库和财汇金融数据库。

## 第二节　计量分析

### 一　单位根检验

首先，本书将对模型中所涉及的变量进行单位根检验，根据Levin，Lin & Chu t和Breitung t-stat检验，在5%显著性水平下得到如下结果（见表6－3）。

表6－3　变量单位根检验结果

| 变量名 | Levin, Lin & Chu t | P值 | cross-sections | obs |
|---|---|---|---|---|
| *X*1 | －10.215 | 0.000 | 5 | 85 |
| *Y* | －8.169 | 0.009 | 5 | 86 |
| *X*2 | －6.080 | 0.013 | 5 | 87 |
| *X*3 | －4.375 | 0.021 | 5 | 88 |
| *X*4 | －3.540 | 0.039 | 5 | 89 |
| *X*5 | －5.217 | 0.016 | 5 | 90 |

从表6－3中可以看出，在5%显著性水平下，本书选的各变量均通过了平稳性检验，可以进行面板数据回归。

### 二　个体随机效应回归Hausman检验

接下来，我们进行个体随机效应回归Hausman检验，以确定是选用个体随机效应模型，还是选用个体固定效应模型。检验结果如表 6-4 所示。Hausman 检验的原假设是个体效应与回归变量无关，应建立随机效应模型。样本 Hausman 检验中个体随机效应的$\chi^2$统计量为 47.317417，P 值<0.05，拒绝原假设。因此，本书选用个体固定效应模型。

**表 6-4 个体随机效应回归 Hausman 检验**

| Cross-section random | 47.317417 | | | |
|---|---|---|---|---|
| Variable | Coefficient | Std. Error | t-Statistic | Prob. |
| *C* | -85.479270 | 63.497040 | -1.346193 | 0.1793 |
| *X*1 | 0.183213 | 0.049906 | -3.671183 | 0.0003 |
| *X*2 | -1.936000 | 677.843100 | 1.861693 | 0.0636 |
| Cross-section random | 47.317417 | | | |
| *X*3 | -320.219400 | 415.286600 | -0.771080 | 0.4413 |
| *X*4 | -2.432600 | 414.198700 | 0.520119 | 0.6034 |
| *X*5 | -0.010922 | 0.011215 | 0.973831 | 0.3309 |
| | Effects Specification | | | |
| Cross-section fixed (dummy variables) | | | | |
| R-squared | 0.657941 | Mean dependent var | | 148.646 |
| Adjusted R-squared | 0.283941 | S. D. dependent var | | 137.891 |
| S. E. of regression | 116.683700 | Akaike info criterion | | 12.45681 |
| Cross-section random | 47.317417 | | | |
| Sum squared resid | 4016449 | Schwarz criterion | | 12.85975 |
| Log likelihood | -2020.374 | Hannan-Quinn criter. | | 12.61754 |
| F-statistic | 4.837047 | Durbin-Watson stat | | 1.591414 |
| Prob(F-statistic) | 0 | | | |

## 三 个体固定效应似然比检验

接下来测试个体固定效应模型，结果如表 6-5 所示。

表 6－5 个体固定效应似然比检验

| Cross-section random | 1.95 | | | |
|---|---|---|---|---|
| Variable | Coefficient | Std. Error | t-Statistic | Prob. |
| *C* | －60.72847 | 56.5201 | －1.074459 | 0.2834 |
| *X*1 | 0.106271 | 0.05052 | －2.10365 | 0.0362 |
| *X*2 | －6.2751 | 587.367 | 1.040704 | 0.2988 |
| *X*3 | －490.19537 | 395.75 | －0.124309 | 0.9011 |
| *X*4 | －3.0873 | 361.672 | 1.031562 | 0.303 |
| *X*5 | －0.040681 | 0.00919 | 4.425125 | 0 |
| R-squared | 0.63435 | Mean dependent var | | 148.646 |
| Cross-section random | 1.95 | | | |
| Adjusted R-squared | 0.222534 | S. D. dependent var | | 137.891 |
| S. E. of regression | 121.584 | Akaike info criterion | | 12.4571 |
| Sum squared resid | 4789584 | Schwarz criterion | | 12.52618 |
| Log likelihood | －2049.422 | Hannan-Quinn criter. | | 12.48466 |
| F-statistic | 19.83397 | Durbin-Watson stat | | 1.526474 |
| Prob(F-statistic) | 0 | | | |

似然比检验的原假设是应建立混合效应模型，表 6－5 中样本似然比检验个体固定效应的 F 统计量和$\chi^2$统计量的 P 值均 <0.05，因此，可以使用个体固定效应模型，个体固定效应模型的回归结果如表 6－6 所示。

表 6－6 个体固定效应回归结果

| Variable | Coefficient | Std. Error | t-Statistic | Prob. |
|---|---|---|---|---|
| *C* | －85.47927 | 63.497 | －1.346193 | 0.1793 |
| *X*1 | 0.183213 | 0.04991 | －3.671183 | 0.0003 |
| *X*2 | －12.936 | 677.843 | 1.861693 | 0.0636 |
| *X*3 | －320.2194 | 415.287 | －0.77108 | 0.4413 |
| *X*4 | －2.4326 | 414.199 | 1.520119 | 0.0534 |

续表

| Variable | Coefficient | Std. Error | t-Statistic | Prob. |
|---|---|---|---|---|
| *X*5 | -0.010922 | 0.01122 | 1.973831 | 0.0309 |
| Fixed Effects (Cross) | | | | |
| Portugal-C | 176.835 | | | |
| Italy-C | 28.56537 | | | |
| HEB-C | 9.534756 | | | |
| Ireland-C | 41.71092 | | | |
| Greece-C | 55.00622 | | | |
| Spain-C | 118.7009 | | | |
| | Effects Specification | | | |
| Cross-section fixed (dummy variables) | | | | |
| R-squared | 0.657941 | Mean dependent var | | 148.646 |
| Adjusted R-squared | 0.283941 | S. D. dependent var | | 137.891 |
| S. E. of regression | 116.6837 | Akaike info criterion | | 12.45681 |
| Sum squared resid | 4016449 | Schwarz criterion | | 12.85975 |
| Log likelihood | -2020.374 | Hannan-Quinn criter. | | 12.61754 |
| F-statistic | 4.837047 | Durbin-Watson stat | | 1.591414 |
| Prob(F-statistic) | 0 | | | |

从表6-6可以看出，根据面板数据个体固定效应回归结果，在5%的显著性水平下欧元国际化的确能够引致未来欧元区政府债务占国内生产总值的比重增加。可见，欧元的国际化储备与货币地位在一定程度上阻碍了欧洲债务负担的缓解，不利于欧元区财政的可持续恢复。就贸易差额与政府债务占国内生产总值比重之间的关系而言，贸易顺差将增加国内外汇储备，进而缓解国内债务负担，起到降低政府债务占国内生产总值比重的作用。就国内生产总值增长率与政府债务占国内生产总值比重的关系而言，国内生产力水平的提升，将极大改善危机中的经济基本面，这也将有利于国内资产

的积累，防止债务危机愈演愈烈。但在本回归模型中，国内生产总值增长率水平的 P 值并不显著。与此同时，货币供应量 M2 和消费者信心指数均与政府债务占国内生产总值比重之间呈现负相关关系。货币供应量增加，即欧元区实行宽松的货币政策，将有利于欧元区债务水平下降；市场消费者信心指数的增强，也预示着政府债务占国内生产总值的比重下调，债务危机进一步得到缓解。然而，自欧债危机爆发以来，欧洲金融市场的紧张状态始终没能彻底缓解。投资者和投机者因欧元贬值，将资金纷纷撤离欧元区，市场对欧债危机风险失控的担忧情绪仍然很高。截至 2013 年一季度，欧元区国内生产总值已连续六个月下滑，实体经济持续萎缩，工商企业信心不足，市场销售额长期放缓，失业率节节攀升。前景黯淡的经济形势进一步降低了欧元对市场的吸引力。根据中国经济网的数据[①]，欧债危机期间，各国纷纷减持欧元资产，其中发展中国家的减持比例最高。国际货币基金组织公布的“外汇储备货币组合”报告显示，发展中国家央行 2012 年持有的欧元外汇储备资产减少了 6.2%，接近抛售了超过 450 亿美元的外汇储备资产。由此可见，欧元国际储备货币的地位，也在欧债危机的影响下出现倒退。

## 第三节　实证结果分析

从实证结果来看，欧元国际化水平的提升的确给欧元区加重了债务负担。究其原因，可以从以下几个方面来解释。

① 《欧债危机对欧元的地位造成了严重损伤》，中国经济网—《经济日报》，http://views.ce.cn/view/ent/201306/05/t20130605_24449985.shtml。

## 一　欧元区货币体制的局限性

首先，欧洲债务危机的爆发难以脱离美国次贷危机的影响，当全球经济步入下行周期，以高福利政策著称的欧元区国家便陷入了两难境地。一方面，财政赤字激增，债务可持续问题无法进一步通过发行债务的方式缓解；另一方面，统一的货币政策大大降低了欧洲各国宏观调控的回旋余地。欧元国际化使得欧洲国债彻底由无风险资产变为了有风险资产。一个经济体，只要掌控着货币发行的自主权，那么仅以印钞票的形式就可以兑付其国债面值。因此，我们常常认为国债是一种以国家信用为担保的无风险资产。然而，欧元国际化令欧洲中央银行拥有了至高无上的货币控制权，单一小国不可违背中央银行宪章私自进行债务货币化操作。这意味着，欧元区各国的债务需要单纯依托其自身的财政收入进行偿付。欧洲央行永远不会充当各国债务的印钞机，这也使得各国国债的违约风险大大提高。自欧债危机爆发以来，意大利和西班牙的国债收益率大幅攀升至7%左右，而同期英、美两国的国债收益率仅仅维持在2%的水平。可以说，欧元国际化掩盖了一项重要的事实——市场往往忽略了欧元区内部巨大的结构性失衡，而错误地基于共同货币视角将欧元区视为了统一的信用主体。欧盟内部经济较为落后的边缘国家，趁欧元国际化之势，大幅降低其融资成本，享受“搭便车”的好处，滋生经济泡沫，而这是在危机爆发前不容易被发现的。

其次，汇率对消除经济失衡的积极作用大为降低。如若欧元区拥有独立的货币制度，那么各国货币汇率水平的及时调整将极大加速经济体之间的格局重构。欧元区内那些存在大规模贸易逆差的边缘国家，可以通过货币贬值缓解贸易赤字，增加其出口商品的国际竞争力。比如，拉美债务危机正是在货币大幅贬值的作用下才得以实现经济复苏的。然而，在欧元区内部，由于货币一体化，各国并不存在独立进行货币贬值操作的权利，更失去了成员国之间汇率的力量，进而令各国经济的结构性失衡问题更为严重。欧元之父蒙代尔所提出的最优货币区理论，实际上是一种固定汇率制度选择。要选择固定汇率制度，就要比较选择这种制度的优劣。它的优势一般在于减少货币交易成本、跨境结算成本、保持经济的稳定等，而它的劣势则在于放弃了独立货币政策对经济调整的收益，没有资本控制。货币政策的目标就是汇率稳定，而稳定的汇率，会让国内的反经济周期政策冲突，如果参与各方经济冲击是对称的，则汇率变化和国内政策一致。因此，加入共同货币区要求各参与方经济周期同步。而要同步，则需要各方保持要素流动、贸易密度增加、产业内贸易增加、财政政策协调、中央银行增加可信度等一系列条件，更重要的是政治上的互信。这样才能保持固定汇率制度，降低汇率波动风险。

最后，货币国际化使得欧盟成员国丧失了脱离欧盟的动机，无论是核心国家还是边缘国家，脱离欧元区恢复本国货币都是一次新的灾难，每一个成员国都是输家。比如，欧盟内部经济实力最强的德国，即便它需要承受来自希腊等高负债国的经济拖累，但一旦脱欧，恢复德国马克，其汇率将大幅攀升从而严重影响德国庞大的出口贸易。同样，对于希腊等边缘国家来说，摆脱货币一体化的桎梏，会令其融资成本大幅上升，借新债还旧债的方式会使得边缘国家的财政非持续问题更为严重。与此同时，脱欧还将诱发边缘国家的商业银行出现严重的挤兑现象，进而导致其整个金融体系的全面崩溃。因此，欧元国际化使得全部的成员国都成为被动的接受者，这也是债务危机只能愈演愈烈的关键。

## 二 货币国际化加剧了欧元区内部成员国之间经济关系的脆弱性

归根结底，欧债危机的根源在于欧盟内部成员国之间经济发展水平的非均衡性。德国一家独大的格局在短期无法撼动。为共享欧盟内部的制度红利，越来越多的国家开始申请加入欧盟，而加入欧盟的门槛设定也越来越低。同时，在诸如高盛等投行的帮助下，希腊等欠发达国家的资产负债表也设计得愈发完美。这些使得欧盟内部的结构化失衡问题日益严重。为维持欧元区的和谐稳定[①]，国际清算银行预计，德国需要每年将其国内生产总值的4%～5%转移支付给同盟国，而这也引起了其国内不同程度的民众争议。蒙代尔在设计欧元之初，便提出了欧盟成员国的加入前提，即财政收支基本保持平衡，没有持续性的高额债务负担，各成员国的经济发展水平差距较小。但是，欧债危机爆发前后，各成员国间的经济发展非均衡态势，已成为一种常态化。德国、法国依靠支柱性实体产业，经济可持续性较强，而边缘国家则主要依靠旅游、虚拟经济和房地产作为经济增长的长期动力。这样的经济结构在抵抗外来风险时很脆弱，一旦外需发生根本性扭转，将给经济带来毁灭性打击。

欧元国际化，这种统一的货币制度，无视了成员国之间的经济脆弱性，成为加剧欧元区内部成员国之间经济脆弱性的又一根稻草。根据国际清算银行的数据统计，在外汇市场中，交易量最多的货币对是美元/欧元，其交易量占到了货币交易总量的30%左右，而排名第二和第三位的则是美元/日元和美元/英镑货币对。由此可

① 《欧洲主权债务困局背后的结构性问题》，网易财经，http：//money. 163. com/11/1026/16/7HA94O9V00253TNN. html。

见，欧元在国际外汇交易市场中的重要地位。也正是基于此，他国货币汇率水平的巨幅变动，将迅速传导至欧元，进而波及欧洲主要金融交易市场。而欧洲央行为在危机时期维持欧元的国际储备货币地位，是不可能放任欧元持续性贬值的。在危机时期，抛售其他外汇储备买入欧元，是保证欧元汇率水平稳定的重要手段。但欧洲央行鉴于无法肆意动用货币政策来帮助债务危机的始源国进行经济救助，这便更加扩大了成员国之间的经济差距。

## 三 货币国际化增加了欧元区量化宽松货币政策的调控难度

2008 年爆发的美国次贷危机是欧债危机爆发的重要导火索。冰岛最先爆发的主权债务危机正是出现于 2008 年 10 月。随后，全部欧盟成员国在债务危机的传染中，无一幸免。欧洲经济的脆弱性在这次链式传导中暴露无遗，伴随着三大国际信用评级机构纷纷下调各国主权信用评级，全面的欧洲债务危机至此爆发。面对债务危机的愈演愈烈，欧洲央行也开始效仿美联储的反周期操作，拉开了欧洲量化宽松货币政策的序幕。利用宽松的货币政策降低欧元区内部的融资成本，提高市场对通货膨胀的预期，这一做法本有利于增强民众对欧洲未来经济前景的乐观情绪。然而，量化宽松货币政策实为一种刺激经济复苏的短视化操作，短期繁荣尚无法支撑欧洲经济出现根本性扭转。与此同时，鉴于欧元国际化的属性，欧元区量化宽松货币政策的合法性问题，也引起了广泛争议。因为，欧洲央行推行的量化宽松货币政策，成为一些成员国变相融资的手段，而这种行为是欧洲联盟条约严令禁止的。同时，量化宽松货币政策令欧洲央行替代了边缘国家的政府角色和责任，延缓了债务国推进内部改革的进程，甚至增加了该国落入滞涨陷阱的可能性。显而易见的是，量化宽松货币政策的实施也将使得欧元继续大幅贬值。

第七章

# 欧债危机对中国的影响

## 第一节　欧债危机对中欧经贸关系的影响

在欧债危机爆发之前，中国和欧洲虽有贸易摩擦，但是整体来说依然保持着稳定的贸易往来。中国和欧洲互为各自重要的贸易伙伴，且都在贸易往来中获得了经济利益。2009 年爆发的欧债危机打破了中国和欧洲长久以来互惠共赢的局面，一度使得欧洲的实体经济崩盘，增长率急剧下滑。不仅如此，失业率飙升，欧元区经济下滑，使欧元面临巨幅贬值的风险。在这种局势动荡的局面下，中国和欧洲的贸易格局将会发生变化。

### 一　欧债危机对中欧货物贸易的影响

#### （一）贸易规模

欧洲主权债务危机爆发以后，中国和欧洲的贸易总量有增无减，但增速却有所放缓，出口增速频繁波动。2009 年末受欧债危机的影响，中欧贸易的增长率为负，直到 2010 年才重新回到快速增长的轨道上来，且进口和出口均表现出强劲的势头。但是随着欧债危机的不断蔓延和深化，2011 年中欧贸易往来的增速开始下降，2012 年增长速度又为负数，且对欧洲出口的下降速度要比从欧盟进口的下降速度快得多。本以为进入 2013 年会有所好转，但实际情况却是 2013 年以来中欧贸易的增速持续下降。中国是欧盟的第一大进口国同时也是第二大出口目标国。欧洲主权债务危机爆发后，中欧贸易在欧盟进出口总额中所占的比例有所下降，但欧盟对中国的出口在欧盟总出口额中所占的比重却基本保持不变，仅次于第一大经济体——美国，且欧盟从中国进口额在欧盟总进口额中所占比重也略有下降，但仍比从美国进口所占比率高出 4.7 个百分点。在 2009 年爆发欧债危机以前，欧盟是中国最重要的贸易伙伴，但自从受到危机的影响，中欧贸易在中国对外贸易中的重要性下降。2012 年美国超过了欧盟，成为中国最大的出口市场和贸易伙伴。2009～2012 年对欧贸易总额在中国对外贸易总额中的占比下降，且中国对欧洲出口额在中国对外出口额中的占比也略有下降，同样都是下降，但是中国对欧洲出口的下降速度更快。综上分析可以看出，欧债危机爆发以后，中国和欧洲在各自的对外贸易中的重要程度均有所下降。

### （二）贸易差额

长期的合作关系中，中国和欧洲的对外贸易并不平衡，中国处于顺差而欧洲处于逆差。2009 年欧债危机爆发以来，中国对欧盟的贸易顺差增速也出现了波动。中国和欧盟之间的贸易差额增长率出现了下降的趋势，到 2012 年变为负增长，这样的结果使得欧盟对中国的贸易逆差缩小，使得中欧贸易不平衡的状态得以缓解。中国对欧盟的贸易逆差主要来源于欧盟的成员国——德国，自 2009 年欧债危机爆发以来，中国与德国的贸易逆差不断扩大。而中国对欧盟的贸易顺差主要来自欧盟的成员国——荷兰，2012 年中国和荷兰贸易顺差占中欧贸易顺差的 41.2%，英国仅次于荷兰。中国与瑞典的对外贸易基本处于平稳状态，但受到欧债危机的影响，贸易顺差转变为贸易逆差。综上分析，中国对欧盟的主要成员国基本都处于贸易顺差的状态，剔除德国和瑞典。

### （三）对外贸易商品种类

中国和欧盟之间的贸易往来的商品主要是工业制成品，辅以初级产品。2009 年初，工业制成品占据了主要地位，比率高达 94.3%。2009 年欧债危机的爆发虽对中欧贸易产生了冲击，波动却很小，基本没有变化。中国向欧盟出口初级产品的比重明显低于从欧盟进口初级产品所占的比重。欧债危机爆发后，欧美等发达经济国家的进口需求减少，却没有减少欧盟对初级产品的进口需求。因此，中国向欧盟出口的初级产品所占出口额的比重并没有变化。但是，欧洲实体经济受欧债危机影响，需要资金，出口商品价格下降，导致中国从欧盟进口的初级产品比重有所上升。在主要的贸易商品即工业制成品中，资本、技术密集型产品是中国和欧盟主要交易的对象。未爆发欧债危机之前，在中欧贸易总额中资本与技术密集型的产品占比超过 50%，劳动力密集型产品占比也高达 38%。2012 年虽然受到欧债危机的冲击，但这两类产品在中欧贸易总额中所占的比重虽有波动，但是波动幅度较小。2009 年中国向欧盟出口的这两类产品占中国对欧盟出口总额的比重非常接近，基本在 50% 上下浮动。但中国自欧盟进口的这两类产品占中国对欧盟的进口总额的比重差异较大，中国比较喜欢从欧盟进口资本与技术密集型的产品，所占比例高达 70%。受欧债危机的影响，2012 年中国向欧盟出口的劳动密集型产品的比重略有下降，资本与技术密集型产品的比重略有上升，而从欧盟进口这两类产品的比重基本持平。通过数据分析可知，中国向欧盟出口的这两类产品所占的比例并无差别，但中国更偏爱从欧盟进口资本与技术密集型的产品。中国对欧盟出口的商品主要以纺织品、机电产品、家具、玩具和杂项制品以及贱金属及制品等贸易商品为主。中国在机电产业、纺织品、家具玩具和贱金属及制品等行业都拥有较高的国际竞争力，因此这些行业在欧盟进口市场有较高的占有率。但欧债危机的爆发影响了中国优势产业的发展，致使欧盟对中国优势产品实施贸易补救措施。2009 年末欧洲主权债务危机的爆发，运输设备商品是中国从欧盟进口商品中增长速度最快的商品。2009 ~ 2012 年的年增率高达 41%；化工产品紧随其后，年增率达到 19.1%，贱金属及制品和机电产品的年增长率比较偏低，跟前两者相比，增长速度缓慢。综上分析，欧债危机并没有改变中国对欧盟出口商品的结构但却改变了进口商品的结构。无论是中国向欧盟出口还是欧盟向中国出口，所占份额较大的都是机电产品、贱金属及制品以及化工产品。

## 二　欧债危机对中欧服务贸易的影响

### （一）贸易规模和贸易差额

2009 年中国和欧盟服务贸易总额为 475.1 亿美元，2012 年贸易总额达到 661.4 亿美元，四年间的年均增长率达到 11.7%。2009 年中国对欧盟服务出口规模达到了 202.5 亿美元，而 2012 年服务出口规模达到了 265.3 亿美元，年均增长率为 9.4%；2009 年服务进口规模为 272.6 亿美元，而 2013 年达到了 396.1 亿美元。2009 年欧债危机爆发以后，中欧货物贸易受到了影响，贸易商品的进口结构发生了变化，但是中欧服务贸易并未大规模的受到波及，无论是出口规模还是进口规模都以较快的速度增长，且从数据分析可知，中国向欧盟出口的增速远远低于从欧盟进口的增长速度。就目前的经济状况分析可知，欧盟是中国第二大服务贸易进口来源地和出口国，也为中国带来巨大的服务贸易逆差。中国与欧盟的服务贸易的进出口并没有受到欧债危机的影响，反而有所增进。2012 年中国一举超越日本成为欧盟第三大服务贸易伙伴。在中欧服务贸易差额方面，欧盟对中国的服务贸易始终处于顺差状态，且随着时间的推移顺差规模以较快的速度逐年增长。根据数据分析可知，中国和欧盟的服务贸易失衡问题已经到了很严峻的地步。

### （二）贸易结构

中国主要向欧盟出口交通运输、旅游服务以及其他商业服务。欧债危机爆发后，对服务贸易结构的冲击较小，所以中国对欧盟出口的服务结构变化较小，以上三类产品的出口比率高达 90.7%。相比于 2009 年，交通运输和旅游服务所占比率有所下降，但其他商业服务的比重却有所上升。具体分析如下。将出口金额按降序排列，可知中国对欧盟出口金额最高的是交通运输服务，其次是其他商业服务，最后是旅游服务。2009 年交通运输服务出口额为 94.4 亿美元，2012 年出口额为 119 亿美元，四年间上涨了 26.06%；2009 年其他商业服务出口额为 57.4 亿美元，2012 年达到了 88.9 亿美元，四年间上涨了 54.88%；2009 年旅游服务的出口额为 26.8 亿美元，而 2012 年达到了 32.6 亿美元，上涨了 21.64%。根据出口额进行评判，中国对欧盟的服务出口情况很客观。但是其余的服务贸易并不都是上涨的，比如计算机与信息服务以及建筑服务均出现了出口下滑的趋势。中国从欧盟进口的主要服务为版税与许可证费用、交通运输费、旅游费用以及其他商业服务。相比于中国向欧盟出口的服务，就仅仅只是多了一项版税与许可证费用。2009 年这四项进口服务所占比率高达 81.1%，2012 年略有上升。总体来看，从 2009 ~ 2012 年，进口其他商业服务所占比重略有上升，旅游服务比重也有所上升，但是交通运输服务以及版税与许可证费用的比重却有所下降。将进口额按照降序排列，中国从欧盟进口最多的是其他商业服务，其次是交通运输服务，再次是旅游服务，排在最后的是版税与许可证费用。2009 年其他商业服务的进口额为 83.5 亿美元，而 2012 年达到了 141.6 亿美元，四年间上涨了 69.58%；2009 年，交通运输服务的进口额为 84.5 亿美元，而 2012 年达到了 110.7 亿美元，四年间增长了 31%；2009 年旅游服务进口额为 31.1 亿美元，而 2012 年达到了 54.3 亿美元，四年间上涨了 74.6%；2009 年版税与许可证费用进口额为 21.9 亿美元，而 2012 年达到了 30.4 亿美元，四年间上涨了 38.8%。除了这四项主要进口服务以外，通信服务、保险服务以及建筑服务从 2009 年到 2012 年这四年均出现了不同幅度的上涨。但计算机与信息服务以及个人文化与娱乐服务的进口却相继出现了下滑的趋势。中国对欧盟的服务贸易中，只有交通运输服务和保险服务存在顺差，企业各项服务均表现为逆差。由于受 2009 年爆发的欧债危机的影响，自 2010 年以后这两项服务的贸易顺差逐年降低。贸易逆差的主要来源是其他商业服务和版税与许可证费用，这两三项服务的逆差分别高达 52.7 亿美元、28.8 亿美元以及 21.7 亿美元，并且有继续扩大的趋势。建筑服务明明是具有中国传统优势的出口服务类型，但却为中国对外贸易带来了贸易逆差。

## 三　欧债危机对投资的影响

这部分我们将从两方面进行阐述，即欧债危机背景下欧盟对华直接投资所受的影响和中国对欧盟直接投资所受的影响。

### （一）欧盟对华直接投资

中国境内最主要的外资来源于欧盟，欧盟对华直接投资，为中国带来了领先的技术和管理经验，促进了中国实体经济的发展。以市场为导向的在华欧盟企业使用更先进的技术，更有利于中国的技术进步。2009 年欧债危机的爆发，导致欧盟对华直接投资情况发生了些许变化。

第一，欧盟对华直接投资的规模。欧洲主权债务危机爆发后，影响了欧盟对中国的直接投资额。随着欧债危机的不断蔓延和深化，到 2011 年欧盟对华直接投资额出现了负增长，2012 年实际直接投资额略有上涨。2009 ~ 2012 年欧盟对华直接投资略有波动，但 2012 年的 FDI 规模依然高于 2009 年的水平。2012 年的新设企业数量出现了负增长，但与2009年相比在华新建的企业数量仍然是上升的。根据数据分析可知，欧债危机对欧盟对华直接投资的影响与对中欧贸易的影响并不相同，欧盟对华直接投资受欧债危机影响较小，并未有明显的趋势变化。根据欧盟的官方统计数据，2010～2012年，欧盟对华直接投资额分别同比增长19.7%、85.7%以及-21.2%。但这一统计口径与中国的实际情况相差甚远，甚至在变化趋势上也有区别。根据中国商务部的统计数据，2012年欧盟对华直接投资额略有上涨，但根据欧盟的数据其是下降的。出现这种情况的原因在于中国和欧盟的统计方法不同。

第二，欧盟对华直接投资的地位。欧债危机爆发以来，欧盟对华直接投资额占中国实际利用外资总额的比例并没有太大的变动幅度，始终在5%左右；欧盟在中国新设企业数量占中国设立外资企业数量的比例也未发生较明显的波动，基本在6%上下浮动。在对华进行直接投资的国家和地区中，欧盟排在第四位，在华新设企业数量仅次于中国台湾，排名第三位。欧盟原15国对华实际投资存量排第三位。欧盟虽然在对华直接投资的国家和地区中基本处于前五名，但对华投资规模与世界直接对外投资规模相比，还是相形见绌。根据官方数据，2012年欧盟FDI占世界FDI流出量的比重远高于对华直接投资的比重。欧债危机的爆发，提升了中国在欧盟对外直接投资中所占的比重和地位。随着欧债危机的不断蔓延和深化，自2010年起，欧盟对华直接投资的占比逐年上升。中国在欧盟FDI中的地位有所上升，但是仍与在世界直接对外投资流入的地位相差甚远。

第三，欧盟对华直接投资的国别结构。欧盟原有15国比新加入的国家的经济实力要强很多，因此，欧盟内部进行对华直接投资主要以原15国为主。欧债危机的爆发并没有改变这种状况。数据显示，欧盟原15国对华直接投资占比高达97%以上。随着欧洲主权债务危机的不断蔓延和深化，欧盟成员国中德国、荷兰、英国、法国、意大利和卢森堡对华投资额最大。2010～2012年，这六个国家对华投资金额的平均占比在78.7%上下。这六个国家对华直接投资占比分别为21.7%、17.8%、16.8%、10.7%、6.4%以及5.3%。受欧债危机的影响，自2010年起，德国对华直接投资占比逐年上升；法国和英国对华直接投资占比则逐年下降；而荷兰、意大利和卢森堡对华直接投资占比并没有明显的波动，基本处于持平状态。重债国受欧债危机影响较大，其对华直接投资占比下降。

第四，欧盟对华直接投资的行业结构。欧盟对华直接投资的行业结构受欧债危机影响较大，发生了较大的变化。2009年初金融保险业是欧盟对华直接投资最多的行业，占比为14.9%。但欧债危机爆发后，2010年该行业占比为负，而后在2011年有所反弹，强势回归。计算机、电子和光学品制造业以及机械制造业等行业，欧盟对华直接投资也发生了波动。以欧盟分行业投资流量的平均值作为衡量指标可知，运输设备制造业、金融保险业、石油化工业、制药业等均占有较高的比重。

### （二）欧债危机背景下的中国对欧盟的直接投资

2002年至2009年，中国的对外投资实现了跨越式发展，中国非金融类对外投资年均增长率超过50%。欧债危机爆发后，欧盟在中国对外直接投资中的地位有所上升。但由于受到欧债危机的波及，中国调整了对欧盟投资的比重以及战略部署。这体现在以下几方面。

第一，中国对欧盟直接投资的规模与地位。从存量的角度出发，欧债危机爆发后，中国对欧盟的直接对外投资的规模虽然在逐年扩张，但是增速放缓。从流量的角度进行分析，2009年中国对欧盟直接对外投资占比为5.3%，2010年为8.7%，2011年同比增长了26.8%，增速下降。但OFDI流量中的比重进一步上升，达到了历史最高点10.1%，然而好景不长，2012年竟变成负增长。2012年中国对欧盟直接对外投资流量略有下降，与2009年相比规模还是扩大的。根据以上数据，欧债危机爆发虽然导致中国对欧盟直接投资的增长速度持续下跌，但欧盟在OFDI的地位却有所上升。根据中国对世界上主要发达经济体直接投资的情况进行分析可知，欧盟自2009年以来就是中国对外直接投资金额最多的国家。2010年中国对欧盟对外直接投资的规模是对美国对外直接投资规模的4.6倍，2011年为4.2倍，2012年中国对欧盟对外直接投资的金额略有减少，但仍然高于美国等发达经济体。欧盟与中国官方数据统计有偏差，可能是由于统计口径以及统计方法不同所造成的。虽然数据有所偏差，但是大方向以及趋势一致，即欧债危机过后，中国对欧盟的对外直接投资流量逐年增长。中国对欧盟对外直接投资流量不仅在规模上扩张，且吸引外资的比例也逐年增长，这显示了中国作为欧盟外资的来源地之一，有着越来越重要的地位。除中国以外的金砖四国对欧盟的对外直接投资的规模和比重都受到了欧债危机的影响，近年来处于大幅波动的状态，唯有中国在欧债危机下依然对欧盟进行对外直接投资，且规模和比重不断增加。

第二，中国对欧盟直接对外投资的国别结构。随着欧债危机的不断蔓延和深化，中国对欧盟的对外直接投资主要就是对欧盟原15国的投资。欧盟15国中，英国、德国、法国、卢森堡、荷兰和瑞典是中国的主要资金流入国。2010年至2012年，这六个国家的外资流入占中国对欧盟对外直接投资规模的比重超过了90%。除了这15个原有国以外，还有一些新加入的国家。整体来看，中国对欧盟各个经济体的对外直接投资额的波动还是很大的。就这六个国家的外资流入比重看，英国明显上升，荷兰略微上升，德国稳中上升，卢森堡下降，而法国和瑞典波动较大，无明显的变化趋势。

第三，中国对欧盟直接投资的行业结构。欧洲主权债务爆发之前，中国对欧盟租赁和商业服务投资所占的比重达到了78%，可见中国对于欧盟对外直接投资的行业比较集中。但欧债危机爆发以后，中国对欧盟的对外直接投资的行业结构发生了比较大的改变。整体来看，从集中投资变成了分散投资，且各个行业的投资规模和所占的投资比重也有较大幅度的波动。中国对欧盟一半以上的对外直接投资流量都用来投资租赁和商业服务行业了。但欧债危机爆发后的两年，中国对这两个行业的直接投资额逐年下降，排名位于制造业之后。制造业是中国对欧盟直接投资的另一大主要行业，但由于受到了欧债危机的影响，中国对该行业的投资额受到了冲击，波动幅度较大，2010年增长速度高达813.2%，2011年就出现了负增长，2012年增速回弹，但未反弹到2010年的增速水平。即使这样，2012年制造业的外资流入依然稳居各行业榜首。2009年爆发欧债危机以来，中国对欧盟对外直接投资中波动最大的行业是采矿业。2011年采矿业所占中国对外投资比重出现了飞跃性上升，可能是由于处于金融危机的恢复期造成的。但2012年又急剧下降，降幅达到了98.7%。截至2012年末，中国对欧盟对外直接投资的租赁和商务服务行业的金额为96.7亿美元，所占比重为30.7%；金融业的外资投资总额为66.4亿美元，所占比重为21%；制造业的投资总额为63亿美元，所占比重为20%；采矿业的投资总额为37.9亿美元，所占比重为12%；批发和零售业的投资总额为14.2亿美元，所占比重为 4.5%；交通运输业、仓储业的投资总额为 11.6 亿美元，所占比重为 3.7%。

第四，中国对欧盟直接投资的方式。中国对外投资的方式有绿地投资和并购两种方式。2012 年末中国企业对欧盟的绿地投资金额高达 602 亿美元，而以并购方式拓宽海外市场的投资金额高达 276 亿美元。迄今为止，并没有中国对欧盟对外直接投资规模的官方统计数据。但根据 Rhodium Group 所统计的数据分析可知，从 2000 年到 2011 年，中国对欧盟的对外直接投资方式为并购，并购投资金额高达 156.5 亿美元，所占比重为 75%，而绿地投资金额为 53.1 亿美元，所占比重为 25%。从对外投资的项目数量和规模进行分析可知，中国对欧盟的对外直接投资中绿地投资项目及规模远高于并购投资项目的数量和规模。各个投资行业中，通信设备行业和服务行业的并购数量占所有投资行业的榜首。欧债危机爆发后，中国对欧盟对外直接投资的方式发生了转变，不再以绿地和并购为主要的投资方式，而是以小股权参股的投资方式进行控股。2011 年中国企业跨国并购的交易总额中小股权投资占比为 43%，2012 年为 58%。这种对外直接投资的方式风险较低，易于被民众接受。

## 第二节　欧债危机对中国金融的影响

欧盟是一个区域经济一体化的组织，在全球范围具有重要作用且在国际经济上具有举足轻重的影响力和竞争力。欧元是仅次于美元的第二大国际货币，在世界范围内的各个国家的外汇储备中占据着不可撼动的地位。欧盟经济对全球经济具有重要的作用，因此在欧债危机爆发后，欧盟经济的整体下滑给了全球经济沉重的一击。2008 年的金融危机加之 2009 年底爆发的由希腊债务危机引起的欧债危机，致使中国经济受到重创，经济增长速度明显放缓。中国投放 4 万亿元资金，缓解了居民的就业压力，保证了社会和经济的稳定发展，才使得 2010 年的中国经济发展走上正轨。欧债危机虽在不断深化，但是由于存在时滞效应，对中国的经济影响并不明显。但随着时间的推移，欧债危机的深化使得中国国内外经济和金融形势趋于复杂化，对金融市场和金融机构都产生了不利的影响，金融市场动荡导致股价波动巨大，金融市场风险加剧。

## 一　对人民币汇率及中国外汇储备的影响

### （一）对人民币汇率的影响

欧债危机爆发，欧元必定会贬值，因此市场普遍看空欧元，且美国、日本等国家采取量化宽松货币政策，使得人民币对欧元、美元等硬通货持续升值。欧债危机爆发以后，欧元汇率持续下降，在 2010 年 1 月 7 日降幅达到最高。人民币对欧元汇率走势的持续升值，增加了中国产品的国际竞争力，但同时也使得国际热钱到中国市场进行投机和规避风险，致使中国金融市场受到热钱冲击的风险不断加剧。如果国际游资都做空欧元而买进人民币，就会使得人民币升值速度加快，进而使得人民币进一步升值的压力加剧。欧债危机爆发，美元兑人民币汇率也持续下降，原因在于欧债危机的蔓延阻碍了美国经济复苏，而美国政府所采取的量化宽松的货币政策使得通胀加剧，美元贬值。欧债危机下，日元升值却使得日本出口下降，经济呈现出负增长的状态。为走出困境，日本采取了新一轮的量化宽松货币政策，外加“零利率”政策，这一政策的出台使得日元对人民币的汇率下跌。宽松的货币政策虽有利于国际资本在各个国家之间的大规模流动，但全球的流动性泛滥严重加大了热钱流入中国市场对中国冲击造成的风险，这些资本不仅仅赚取利息差额，还会抬高中国房地产的价格，进一步刺激热钱涌入中国市场，循环往复的恶性循环，加大了人民币升值的压力。面对这样的困境，中国政府只有积极调整汇率政策和资本项目管理政策，才可以应对大规模的资本流动所引发的风险。

### （二）对中国外汇储备的影响

改革开放以来，中国经济一直呈现飞速发展的态势，在中国国际收支多年维持双顺差的格局下，中国外汇储备的规模在不断扩张。截至 2006 年，中国成为世界上最大的外汇储备国，且首次突破万亿美元。中国外汇储备增长幅度较小的原因是中国经常项目顺差而资本金融项目逆差，这“一顺一逆”的状态，导致增长幅度较小。外汇储备对于国民生活的稳定很重要，因此在国际环境动荡不安的情况下，对外汇进行管理，并使得外汇储备处于保值增值的状态就变得至关重要。

欧债危机的波及范围较广，可以从以下三个方面影响中国的外汇储备。

一是欧债危机抑制了中国外汇储备的增长速度。欧洲主权债务危机的不断蔓延和深化，冲击了中国实体经济的发展，并使中国外汇储备的增速略有下降。剔除一些季节性因素的影响，增速放缓的主要原因就是受到了欧债危机的波及。在这期间，中国经常项目表现为顺差，而资本金融项目则表现为逆差，这一特征使得中国跨境资本双向流动特征增强。欧债危机虽然冲击了中国境内的实体经济，但是也为中国带来了众多海外投资的机会。中国大力提倡“走出去”的战略方针，大量资本流出国内，对外直接投资增加，投资增长速度有所上升。从 2008 年的美国金融危机到 2009 年的欧债危机，中国对资本流动的管理进行了放宽处理，从“宽进严出”转换成“均衡管理”，这样的国家政策，很大程度上放宽了对跨境资本流动的限制。政府针对外汇管理，提出了“藏汇于民”的政策措施，在该政策下，境内企业和银行更加愿意持有外汇资产，加大了中国的资金流出。欧洲主权债务危机对全球经济造成了影响，冻结了全球资本，各个国家的资本流动规模达到了有史以来的最低点，这使得国际资本流动性不足，国际经济复苏受到抑制，这一国际形势严重影响了中国国际收支的平衡性。

二是欧债危机时中国外汇管理难度加大。自从中国持有外汇以来，一直奉行的就是多元化的外汇储备管理政策。中国外汇储备中，美元资产占有主导地位，即最高的权重比例，仅次于美元资产的是欧元资产和日元资产。所以，当欧债危机无声无息爆发后，欧元、美元、日元这三大币种对人民币贬值，使得中国外汇资产蒙受了巨大损失，导致中国外汇储备存量下降。市场对人民币具有升值预期，这将会使得中国外汇储备面临更大程度的损失。如何应对外汇储备存量的下降，如何应对外汇储备缩水带来的损失，将是中国外汇储备管理面临的挑战。中国外汇储备的币种持有最多的就是美元资产和欧元资产，该资产主要是以债券为主，即持有较大比例的美国长期国债和欧元债券。对于黄金的储备相对于美元资产和欧元资产来说投资较少。这一资产结构的严重失衡，导致美元和欧元的价值变动会对中国外汇储备的资产价值造成较大的影响。欧洲主权债务危机的不断蔓延和深化，阻碍了美国经济复苏的进程，这使得欧元债券和美元债券的安全性有所降低，持有这些债券的风险加剧，进而导致中国多元化的外汇管理难度加大。欧债危机的爆发给中国的外汇管理敲响了警钟，让我们意识到中国外汇储备币种结构单一且投资方式单一的状态需要改善，外汇管理需要从结构多元化向扩大投资范围和投资渠道的方向变革。

三是欧债危机使得中国外汇储备的风险加大。中国外汇储备币种以及资产结构单一导致外汇储备风险大，所面临的风险有利率风险、信用风险、通货膨胀等。欧债危机爆发以来，信用风险和汇率风险是中国外汇储备管理所面临的主要风险。欧债危机的爆发，使全球经济受到波及，使人民币对美元和欧元的汇率上升。中国目前所持有的外汇储备即所拥有的债权在未来所能获得的利息就会大幅度减少，蒙受不必要的损失。为了走出欧债危机的阴影，缓解各个国家面临的经济压力，美国、欧洲以及日本等国的政府积极实行宽松的货币政策，短期内会使全球流动性泛滥，这不仅会加剧中国外汇储备贬值的风险，还会使大量热钱流入中国，使人民币升值的预期被扩大。热钱的流进流出也会导致中国外汇储备规模存在波动性，给外汇管理带来挑战，影响中国金融市场和经济发展的稳定。面对这样的状况，如何应对外汇储备贬值的风险，如何进行资本管理维持汇率的稳定，将是中国很长一段时间需要面临的一项挑战。

## 二　欧债危机对资本流动的影响

在国际流动性泛滥的背景下，美国经济复苏遇到瓶颈，欧元区和日本的经济前景具有不确定性。新兴市场国家的经济虽然也受到了欧债危机的波及，但经济增长速度相对平稳。寻求高收益的国际游资当然就转变了投资方向，将多余的资金流向新兴市场国家。美国、欧元区和日本为了缓解经济的萎靡状态，纷纷采取了量化宽松的货币政策，使通货膨胀加剧，市场对人民币升值的预期加大。与此同时，由于国内外都对中国资产持有升值预期，国际游资对于对中国资产进行投资有着很大的兴趣。在这样的背景下，中国短期资本流进流出的波动较大，而且有热钱流出的迹象。这与美国未实行第三轮的量化宽松政策有关，但是只要发达国家的经济还未真正复苏，而中国经济增长比较稳定，就会有国际游资看好中国资产，就会有热钱流入。

虽然热钱流入对本国经济有利好的一面，但是对刚经历过欧债危机洗礼的实体经济而言，热钱的涌入对于处于恢复期的实体经济具有较大的损害。国际热钱之所以会大量的涌入中国境内，不过是看好了中国人民币会升值，好赚取本外币巨大的利差所带来的超额利润。也就是说人民币升值以及本外币利差均存在明显的套利空间，可以让国际游资进行投机或者套利操作。在这样的背景下，企业的资金会脱实向虚，热钱的流入的确会使中国资本市场和房地产市场打破僵局而回暖，使市场信心有所上升，但由于国内实体经济受到冲击，出口速度下降，实体经济举步维艰，企业将不会再将资金应用到投资期长且收益回报高的创新之中，而是转向投入虚拟的经济体系，即进行金融投资。一旦出现这样的情况，虚拟经济可能会出现虚假繁荣，资产泡沫加大，可能会导致新一轮金融危机，类似于 2008 年的美国金融危机。这样的虚假经济繁荣不利于国内实体经济的经营，也不利于国内整体经济的发展，一旦热钱调转投资风向，迅速流出国内市场，虚拟经济便没有了资金支持，迅速崩盘，整个经济系统就会被瓦解掉。

国际游资大量涌入中国的房地产市场会使房价虚高，造成房地产价格泡沫。大量资金涌入，会吸引非居民机构和个人增加房地产投资，形成羊群效应，吸引大量的民间闲散资金入市投资房地产，进一步加大房地产价格泡沫。在外资进入的一段时间内，根据“国房景气指数”，中国房地产行业的确处于景气状态，但外资的大量涌入也使得房地产的供给结构处于不合理状态。购买房子不再是为了居民需求，即不再是为了居住，而是为了进行投资获取投资收益。在中国境内大部分工薪阶层根本就买不起一套房子，房价飙升使得工薪阶层只能租房为生，与之对应的却是城市内大片的房子空置，购房者只是为了炒房价。供给与需求之间出现了很大的不对称性。针对这种状况，中国房地产业必须进行调整，房地产是为了居住的而不是为了投资的。但是，国际游资的介入制约了这一目标的实现。现在的房地产市场处于不稳定的状态，大部分资金都是外资，一旦这些热钱迅速撤离，房地产市场就会出现剧烈波动，这会对中国的房地产行业造成危害，进而影响国家整体经济的稳定。热钱的涌入就是为了获取投资收益，准确来说就是为了套利，一旦迅速撤走，就会给中国房地产市场以及资本市场造成沉重的打击。面对这样的困境，中国不得不出台相关政策整治房地产市场以求降低房地产价格，确保本国居民购买首套居住房的目标可以达成，同时控制物价水平。这样一来，热钱所进行的套利操作就会失去应有的超额收益，便会有序撤离中国。那么，热钱所投资的房地产就会被大量抛售，供给大于需求的情况下就会将房地产的价格拉低。虽然出台这样的政策会对房地产市场和本国经济的稳定性造成冲击，但是可以保障本国居民的利益。热钱的大量涌入和迅速撤离都会影响中国房地产市场的稳定性，进而加剧潜在风险。房地产主要通过间接融资的方式来获取开发资金，房地产企业是一种高杠杆企业，企业内自有资金极低，主要靠借贷来获取资金，这样就将风险从股东转移到债权人而将收益从债权人转移到股东。一旦房地产出现泡沫，或者国际游资迅速撤离房地产市场，就会对银行业或者金融机构造成较大的影响，并对中国整体的金融体系带来无法避免的冲击。

国际游资通过本外币利差和对中国金融市场和房地产市场进行投资来获取资本利得。欧债危机爆发以后，主要发达国家的货币均发生了不同程度的贬值，而中国货币却有预期上升的趋势，导致人民币和国外币种存在利差，利用这个差额，国际游资就可以进行套利操作。国际游资的两种投资收益加大了中国境内的通货膨胀，致使中国货币政策陷入两难的境地。国际热钱的大量流入会使得人民币升值，进而造成通胀。国际游资涌入中国金融市场和房地产市场导致中国外汇占款规模大幅提升。中国人民银行即央行为了稳定汇率使其保持一定幅度上下波动，就必须增加基础货币的投放量，这样一来就会导致货币供大于求，加剧通货膨胀。大量涌入的国际热钱使得股市、房地产市场等出现波动，致使股价、房地产价格以及大宗商品的价格出现上升，形成股价泡沫、房地产价格泡沫等，进一步加剧了通货膨胀。通货膨胀的不断加剧，使得中国所采取的投放货币量的货币政策收效甚微，但是如果为了应对通货膨胀所带来的压力，而采取提升利率的政策，就会使得本外币利差加大，从而使得国际热钱更加进入中国市场，进一步加剧通货膨胀。如果放弃高利率政策而采取低利率的政策，不仅无法缓解通货膨胀带来的压力，还会因流动性过剩使资产价格上升，吸引外资进入中国的股市和房地产市场，以便获得资本利得，这样就会加剧股市价格泡沫和房地产市场价格泡沫。这两方面不能两全，使得中国货币政策陷入困境。

欧债危机的爆发影响了全球经济的运行，致使全球股市低迷，当然也包括中国股市。2008 年的美国金融危机使得中国股市由牛市变熊市，还未有所缓和，2009 年就爆发了欧债危机，使得中国股市雪上加霜。自 2008 年以来，中国经济持续走低，导致股市持续低迷，中国上证 A 股综合指数竟然下跌至 2000 点，达到有史以来的最低点位。经过一年的休养生息，全球经济刚刚有所好转，中国股市刚刚要从熊市行情中走出来，就遇到了欧债危机，给了股市复苏重磅一击，导致中国股市再次进入了低迷状态。美国的金融危机和欧债危机严重摧毁了中国投资者对于股市能够复苏的信心，投资者纷纷抛售手中所持有的股票，导致中国股市交易量严重萎缩。在未爆发欧债危机之前，美国次贷危机导致全球经济并不景气，中国股票成交量就开始萎缩，而 2008 年 2 月竟然达到了金融危机爆发以来成交量的最低点。本以为金融危机后，全球经济会向好发展，这样中国境内投资者就会对股市重拾信心，积极进行股票交易，拉动交易量上涨。但欧债危机悄无声息的爆发，给了中国股市暴击，使中国 A 股成交量再次委靡，虽然影响程度不及金融危机那么严重，但是在短时期内 A 股成交量也很难有所上升。

消费、投资和出口是拉动中国经济增长的三驾马车，出口在拉动中国经济增长的过程中具有重要作用。欧债危机不仅仅影响欧元区的经济，还撼动了全球的经济，致使全球经济衰退和进口需求下降。这导致中国出口受到了严重的抑制，还对中国境内的实体经济造成了不利的影响，导致上市企业出口萎缩，经营情况不容乐观，冲击了境内实体企业的稳定发展。由于传导机制的作用，对实体经济的冲击立刻就传到了虚拟经济，如股票市场。中国的上市公司给股东分较少的现金股利，这一特点表明中国股票市场是资金推动型市场。市场中自有资金的流动性直接就反映在股票的价格和成交量上。欧债危机虽然冲击了实体经济但是并没有发生严重的恶化，这样就可以保证支撑股市运行的长期资本不会大幅度的流出股市，造成股市的动荡。但是国际热钱与之不同，其趋利性的特点导致其对国际金融市场非常敏感，一点风吹草动就会使其资金流进流出频繁。随着欧债危机的不断蔓延和深化，国际金融市场更加频繁波动，动荡不安。投资者对股市失去了信心，国际热钱出于避险的考虑，将投入金融市场的资金纷纷撤出股市，导致国际金融市场资金短缺，股价暴跌，对中国的股市也造成了不利影响，投资者纷纷抛售股票、债券等金融资产，致使中国股市的交易量达到最低点。

## 三　欧债危机对中国银行业的影响

欧债危机爆发后，受到波及的发达国家的银行业运行状况并不乐观，而中国的银行业受到欧债危机的冲击较小，在欧债危机蔓延的两年内一直运行良好。出现这样的结果的原因在于中国对资本项目的管制比较严苛，所持有的欧元债券的风险敞口较小。中国银行业运行平稳，且有较高的盈利能力，在国际上的地位有所提升。但是欧债危机的不断蔓延和深化，冲击了中国实体经济的发展，导致中国整体经济增长速度放缓，间接对中国银行业的运行产生了不利的影响。这种不利的影响体现在银行盈利能力下降，资产质量风险开始逐渐暴露。欧债危机就像是一把双刃剑，对于中国银行业的发展既有有利的一面也有不利的一面。欧债危机主要从以下四个方面对中国银行业产生影响。

### （一）促进了中国银行业的海外业务

欧债危机之所以对中国银行业的冲击有限主要在于中国银行业所持有的欧元债券比较少。欧洲主权债务危机爆发以前，中国银行虽持有欧元债券，但是持有比例低。危机爆发后，欧元贬值，该形势下持有风险较高的欧元债券并不合适，中国银行便对其进行减持。目前，中国银行业所持有的欧洲主权债券风险敞口小，对于债券价格下跌并不敏感。

这把双刃剑在给中国银行业带来不利影响的同时，也为中国银行业带来了“走出去”的机遇。2008 年金融危机爆发后，中国金融机构对海外直接投资的比重显著上升，投资总额在 2008 年竟达到了 140 亿 4800 万美元。对于海外业务的扩大，中国主要采取在海外设立分支机构、并购和参与控股等方式。2012 年中国银行业海外投资总额达到 4988.58 亿美元，同比增长 13.33%。不断扩张海外业务必然会伴随着风险，因此需要制定相关政策防范风险。中国银行业所实行的“走出去”战略是最近几年才开始的，实行期限较短，在海外设立分支机构、并购交易等方面仍然缺乏相应的经验，对于相关的法律法规不熟悉，推进实施该项策略时面临很大的挑战。欧债危机深化导致欧洲银行资产质量下降且面临缩水风险，中国银行业如若需要在欧洲金融市场拓展海外业务，还需要对其稳定性以及风险性等方面做出理性分析。

### （二）中国银行业经营过程中的经营风险加大

首先，银行信贷资产风险加剧。欧债危机致使全球经济衰退，冲击中国实体经济发展，间接影响到了中国银行的信贷业务，致使银行所拥有的资产的风险加剧。据 2013 年的调查数据，第一季度 16 家上市银行中不良贷款增加的就有 14 家，占 87.5%，只有 2 家银行不良贷款小幅下降。

进出口业务受欧债危机的影响，间接影响了中国银行业。欧盟作为中国最大的贸易伙伴（第一大出口国、第二大进口国），欧债危机冲击了欧元区的消费需求，加之欧元贬值，人民币被动预期升值，严重影响了中国银行业的出口贸易。受金融危机的影响，2008 年以来中国银行业净出口规模明显缩水。为应对这种状况，中国政府采取扩张性的财政政策，直至 2010 年情况才有所好转。但 2010 年以来，欧债危机对实体经济的冲击显露，中国净出口率明显下降。欧债危机不仅仅动摇了全球经济，更主要的是对欧洲本土的实体经济产生了更加严重的冲击。一些欧洲重度债务国家为了减轻财政赤字采取紧缩的财政政策，削减基础设施建设支出，减少政府支出。欧元区国家的经济负增长，失业人数增加，消费需求下降，民众或者说投资者对于未来经济可以复苏持怀疑态度，导致欧洲进口需求严重下降。中国对外出口的产业大部分都是劳动密集型产业，技术含量较低，容易被替代品替代。受 2008 年金融危机的冲击，中国加工贸易增长率下降，2009 年变为负增长，而 2010 年又一次出现增长率下滑的情况。这两次下滑的原因归根结底就是危机冲击下危机国将中国加工的产业向危机国转移，为危机国自身经济做出贡献。欧元区国家的经济由于遭受欧债危机的冲击，出现低迷的状态，为了保护自身国家的利益，增加了贸易壁垒，针对中国出台的贸易保护措施层出不穷，导致在中国境内经营出现损失的中小加工企业苦不堪言，出口量减少，致使中小加工企业经营困难，最终倒闭。中国境内企业倒闭对中国银行业造成了不利影响，比如不良贷款率增加，资产质量下降等。银行的贷款业务使得银行需要承担巨大的风险。银行主要经营存贷款业务，而且主要向那些出口企业进行贷款投放，当中国出口增速放缓或者出口环境恶劣，国外进口需求下降时，就会导致出口企业的老板跑路或者倒闭清算。这样银行就会多一笔坏账，不良贷款就会增加，不利于银行业的发展。

其次，制造业信贷风险加剧。随着欧债危机的不断蔓延和深化，欧元、美元贬值致使欧美等海外国家进口需求下降，而市场又预期人民币会升值，这样中国境内的制造业就需要面临融资成本上升和进口需求不足的双重压力，制造业的经营环境极其恶劣，经营压力也越来越大。2012 年工业增加值占 GDP 的比重以及工业增加值指数都呈现出下降的趋势，这表明中国制造业经营压力大，发展状况不容乐观。现阶段中国金融市场并不完善，金融结构并不合理，中国制造企业采取直接融资的方式筹集资金的成本相较于向银行借贷更大，因此银行信贷是中国制造业企业资金的主要来源，这就使得企业将经营风险从股东转移到了债权人即银行身上。中国制造业的经营环境恶劣，发展形势不利就会使得信贷资产的风险上升，最终会传递到中国银行业，使得银行业同样要面临巨大的经营风险。

最后，贷款抵押品的风险加剧。市场和国际投资者都预期人民币会升值，国际投资者认为中国金融市场是存在套利机会的，即本外币利差或者资本利得收入。国际热钱大量涌入中国金融市场和房地产市场，造成股市价格泡沫和房地产市场价格泡沫，致使这两个市场动荡不安。欧债危机的不断蔓延和深化，造成国际经济低迷。中国股市和房地产市场的成交量均有所下降，市场并不乐观，投资者信心不足。如果在股市价格泡沫和房地产市场价格泡沫加剧时期，国际投资者纷纷撤资，将国际热钱迅速撤离中国境内，将会对中国股市和房地产市场造成不可估量的损失和伤害。中国银行信贷抵押品的标的物主要有房地产、股票以及土地等，当这些标的资产的价格迅速下跌时就会使得抵押品价值下降，加剧银行抵押贷款的风险。欧债危机所带来的国际金融市场的动荡，造成中国银行对抵押品的标的资产评估出现困难，这使得抵押贷款风险加剧。

### （三）中国银行业盈利能力下降

中国商业银行在 2012 年所获得的实际净利润为 12386 亿元，同比增长 18.96%，但增速却同比下降 17.38%。自上市以来，四大银行的实际净利润增速在 2012 年达到了最低点。数据显示，中国上市银行在 2013 年第一季度的净利润平均增速为 15.46%，增速下降。这一点表明，从 2012 年起，中国银行业受到欧洲主权债务危机的负面影响才显现出来，这种不利的影响导致中国银行业整体盈利能力下降（李昊，2016）。

欧债危机主要从以下三个方面对中国银行业的盈利能力造成了不利影响。

第一，中国银行业的营业成本上升。对银行业进行监管，可以保障金融业以及整个社会经济的平稳运行，但是监管机构对于银行业的监管加强给银行业带来了负面影响，高强度的监管，增加了银行业的营业成本。经济都是有周期的，处于经济衰退期，监管机构就会加强对银行业的监管。2008 年的金融危机以及 2009 年的欧洲主权债务危机使得整个经济处于委靡状态，中国银行业也受到了波及，银行业的经营风险加剧，这使得中国的监管机构转变宽松的监管策略，加强监管。2009 年欧债危机的爆发席卷了全球经济系统，导致全球整体经济低迷。所以 2010 年 9 月巴塞尔委员会提出了新的银行监管协议，提高了一级资本充足率并增加了流动覆盖率的规则，要求银行必须保持足够的流动性，拥有足够的现金和可快速变现的货币资金，以用于渡过短期危机。中国见状，也发布了一系列关于银行业监管的准则和管理办法。2013 年 1 月 1 日正式实行了《商业银行资本管理办法（试行）》，加强对中国银行业的监管，目的在于稳定中国整体经济的运行。这些新的监管政策加强了对中国银行业的监管力度，但同时也增加了中国银行业的经营成本，缩小了中国银行业的经营范围，缩小了盈利空间。这两方面的作用使得中国银行业的整体盈利能力下降。欧债危机的背景下，欧洲一些银行业经营风险加剧，流动性不足，使得银行的资金成本飙升。国际市场对欧洲银行业失去了信心，恐慌的传导性使得中国银行业的资金成本逐渐上升。不仅如此，这种传导性还影响了中国的股市，使股市低迷，标的资产价格下降，成交量也显著下降。这导致中国银行通过直接融资的方式募集资金的成本有所上升。

第二，中国银行业贷款业务增速放缓。随着欧债危机的不断蔓延和深化，中国出口受到抑制，经常项目顺差缩小而资本金融项目更是变了方向，由顺差变成了逆差。中国基础性货币投放量减少，致使中国可以放贷的资金吃紧。欧债危机席卷了全球经济体系，并牵连到中国经济，使中国经济增长放缓，并加强对中国银行业的监管。本身银行业的经营风险就加剧了，外加严苛的监管，银行向企业贷款的意愿严重下降，导致中国银行业向企业贷款的额度降低，经济增长速度下降。中国银行业主要经营的就是存贷款业务，向企业放贷量减少，降低了银行的收益，监管加强，使得银行业的其他业务也逐渐收缩，两者叠加，使得中国银行业的整体收益降低。欧债危机的蔓延和深化，影响了全球的金融市场，在传导性的作用下，也波及了中国的金融市场，导致股市低迷，投资者对股市信心不足，趋于避险的心理投资更加谨慎。监管者为了防范金融异化以及股市泡沫的风险，加大监管，致使中国银行所收取的手续费、佣金等中间收入减少。根据中国银行官网上所揭示的信息，由于受到资本市场的影响，中国银行的中间收入下降，加之经营成本上升，导致中国 2012 年第三季度的经营净利润的增长率出现了下滑。中国银行业想要迅速扩张表外理财产品的规模，为了防范风险却受到了更加严格的监管，阻碍了中国银行业推进表外业务的进程。

第三，中国银行的利差降低。中国银行业主要进行的业务就是存贷款业务，以此来赚取利差收入。但是随着利率市场化的推进，为了给中小企业创造融资贷款的条件，央行一直在降准，贷款利率下调的幅度明显大于存款利率，这使得银行存贷利差逐渐缩小。在 2012 年中国央行设定存款利率的上限为基准利率的 1.1 倍，而贷款利率的下限为基准利率的 0.8 倍，进一步缩小了存贷款利差。近年来，中国银行业存贷款利差缩小明显，致使银行业收入下降。

### （四）中国银行业流动性不足

欧洲主权债务危机的爆发席卷了全球经济，波及了中国经济，使得中国经济处于低迷状态，增长速度放缓。部分国际游资看中国形势不好纷纷撤资，导致中国银行业的资金流动性不足。中国银行业同业拆借利率逐年上升，这表明中国银行业流动性趋紧。受欧债危机的影响，欧美国家的进口需求下降，导致中国出口贸易受限，经常项目顺差缩小。资本和金融项目由顺差变为逆差，导致中国外汇占款的增长速度一直下降。M2 的增速处于较低的位置，导致中国银行业整体信贷资金缩小。出口速度放缓，导致中国出口企业经营状况差，承受巨大的经营风险，营业收入下降，偿债能力下降，有些企业由于经营不善宣布破产倒闭，这使得银行的信贷风险加剧，银行的不良贷款额增加，银行面临拨备压力，不得不主动减少信贷规模。坏账的不断增多，限制了中国银行的信用创造能力和流动性，减少基础货币的投放量，使得企业融资困难，会使得企业经营不下去，跑路或者宣告破产清算，造成恶性循环。国际资本的流进流出会影响中国银行业的流动性。由于受欧债危机的影响，中国经济并不景气，外资不愿意进入中国市场投资，甚至有些外资纷纷撤出中国市场，外资的流出增多，流入减少，导致中国银行资金来源于外资的部分减少，资金供给短缺，流动性不足。拉动中国经济增长的三驾马车分别是出口、消费和投资，受欧洲主权债务危机的影响，欧美等国家进口需求下降，致使中国出口受到限制，国内经济不景气，进口和内需不足，使得实体经济经营不善，所需要的贷款总额下降。

综上所述，欧洲主权债务危机主要从以下三个方面对中国的金融造成了影响。

第一，中国面临人民币升值的压力。受欧债危机的影响，欧美等国家的货币贬值，致使欧美等发达国家相继推出量化宽松的货币政策，导致中国人民币被动升值。美国实行量化宽松的货币政策导致流动性泛滥，人民币被动升值。外汇储备管理难度加大主要是受国家的信用风险、汇率风险和国际热钱冲击的影响，外汇管理应从多元化管理尽快转型，才可以保持汇率的稳定。

第二，欧债危机冲击了国际资本市场，使得中国短期内的资本流动频繁。欧美等发达国家的货币贬值，而中国的人民币预期将会升值，这使得国际热钱在长时期内会持续冲击中国的市场，但短期内国际热钱有退出中国市场的趋势。国际热钱之所以会选择进入中国市场，一方面是为了赚取本外币利差，另一方面是为了进军金融市场和房地产市场获取资本利得。热钱的流入和流出对中国房地产市场造成了不利的影响，房地产泡沫产生，将使中国金融体系承受巨大的风险，因此中国需要加强对房地产市场的监管，使中国整体经济平稳运行。中国货币政策不容乐观，但无法控制通胀和热钱对中国经济的冲击。

第三，欧债危机的蔓延和深化使得中国银行业受到了一定的影响。欧债危机就是一把双刃剑，对于中国的银行业既有利又有弊。但是综合考量，不利的影响在可以控制的范围之内。欧债危机席卷了全球经济，在经济衰退的情况下，中国银行业的盈利能力下降。金融监管加强，使得银行中间业务收入下降，银行存贷款利差变小，其他业务收窄使得银行的收益有所下降。欧债危机冲击了中国实体经济的发展，尤其是出口企业。实体经济经营环境恶劣，经营业绩差，偿债能力下降，甚至有些企业纷纷跑路或者破产清算，导致银行的坏账准备增加，蒙受巨大的损失，加大了银行的经营风险。但欧债危机的爆发却给中国银行业带来了机遇即扩大海外业务，只要我们积极实施“走出去”政策，就可以打通海外市场，拓展海外业务。

## 第三节　欧债危机对中国出口企业的影响

### 一　欧债危机对危机国的影响

欧债危机导致融资成本增加，采用信贷紧缩的政策对企业和居民部门产生了直接影响。首先，致使欧洲经济下降的原因是几乎欧元区的每个发达国家都削减了财政赤字。政府增加赋税，使企业和居民对经济向好的信心下降，使得投资和消费疲软。需求下降，导致产出减少，最终使得整个国内经济长期萧条。经济萧条导致进口需求下降，直接影响中国的出口导向型企业出口产品到欧洲。其次，欧债危机使得危机国陷入财务困境，融资成本增加，影响实体经济的发展，对危机国的进口需求也造成间接的影响。最后，欧债危机影响危机国的国际贸易往来，而中国是欧盟最大的贸易伙伴。

欧债危机的国际影响主要包括以下几点。

第一，欧盟内部国与国之间的贸易往来频繁，占欧盟外贸总额的比重大于50%。一些国家采取紧缩的财政政策会导致经济下滑，在欧盟内部会通过负反馈效应抑制欧盟整体的经济。

第二，西欧的消费需求可以拉动东欧经济的增长。中国目前新兴贸易出口对象就是东盟，所以东盟经济下滑会间接影响到中国的出口行业。

第三，欧盟 GDP 占全球的比重比较大，对全球的经济影响较大。这意味着如果欧洲陷入经济危机，必然会对全球产生冲击。

第四，欧债危机会使得政府对欧元制度做出修正，影响汇率体系。当面临欧元贬值而人民币升值时，就会使得中国制造业出口困难。

第五，陷入债务危机国家的债权人大部分都是银行，一旦出现违约，银行将承受巨大损失，导致欧洲信用体系崩溃。

第六，欧债危机使得国际商品市场频繁波动。全球经济下降导致能源和金属的需求萎缩，价格下跌。市场无法自行达到平衡点，但可以通过政府干预如发行货币解决。但通胀会带来价格上涨，这使得中国制造商品的成本增加，出口面临压力。

第七，欧盟经济下滑影响美国经济，间接影响中国的出口和经济增长，而作为中国最大的贸易伙伴，其经济下滑对中国产生直接影响。

第八，欧元在国际上的地位仅次于美元，欧债危机，使得欧元面临很大压力。市场无法自发调节，欧洲中央银行会采取量化宽松的货币政策，就会导致欧元贬值，对其资产的安全性造成影响。出口导向型企业如果采用欧元结算，会存在汇兑风险。

## 二　欧债危机对中国出口导向型企业的影响

### （一）欧债危机对中国出口导向型企业出口规模结构的影响

欧盟作为全球第一大经济体，对全球经济有着巨大的影响。从欧盟建立至今，在商品流通、人员流通等作用下，欧洲的经济增长速度显著提升。2010 年，欧盟的经济实力居世界第一。而自从 2004 年“中欧全面战略合作伙伴关系”建立后，二者关系一直处于稳定发展的态势。2011 年中国成为欧盟最大的贸易合作伙伴，欧洲经济对中国至关重要，中国对欧盟的贸易敞口相对来说较大。但欧债危机深化，影响了中国对欧盟的出口，使其压力巨大。欧洲经济的不稳定会影响中国经济的稳定发展。

欧债危机的不断深化和蔓延，导致中国对欧盟出口增长速度减缓。欧洲市场需求疲软导致整个中国的出口量严重下降，使得中国在出口方面面临多种压力，传统的粗放型增长方式面临严峻考验。根据统计数据，面对此次欧债危机，中国对欧盟的出口额虽仍在增长，但是速度出现了放缓的趋势。

### （二）欧债危机对中国出口导向型企业出口地区结构的影响

中国虽然仍向欧盟出口，欧盟也占据着中国出口额第一的宝座，但受欧债危机的影响，欧洲进口需求下降，致使中国转移出口目标国家。欧债危机不仅仅对欧盟产生了影响，还波及其他的主要经济大国，如美国，使得其对中国商品的进口需求进一步下降。但是，许多受欧债危机波及较小的新兴经济体，发展迅速，并未给中国的出口造成巨大的波动和影响，所以中国对新兴经济体的出口大幅提升。此次欧洲主权债务危机，加强了中国与新兴经济体的贸易联系。

### （三）欧债危机对中国出口导向型企业产品结构的影响

欧洲主权债务危机从一些方面改变了中国出口产品的构成比例，但影响较小。弹性小的商品占出口的比例有所上升，而弹性大的商品占出口的比例有所下降，但下降比例不大。这表明欧债危机对中国出口结构调整有影响。国内负债严重、欧洲各个国家均采用鼓励出口的政策，致使中国与之相对应的产品的出口受到抑制，影响力急剧下滑。

### （四）欧债危机对中国出口导向型企业出口行业结构的影响

中国对欧盟出口的主要行业为家具玩具行业、机电行业以及纺织品行业。这三个行业的价格弹性较大，可替代性强，易受经济波动的影响。欧债危机爆发后，三个行业仍占据欧盟进口的前三名，但成本上升加之赤字严重，导致订单减少。

中国的纺织品和服装出口量占据世界第一。欧债危机的深化使中国纺织业面临出口困难的巨大压力。中国纺织业企业高度依赖外贸出口，因此国外的经济形势对于能否采取出口政策至关重要。当欧盟整体经济下滑时，欧洲采购商就会在市场上观望并寻找更低价格的商品，来解决内需问题。在欧盟对纺织品进口需求减少的同时，具有成本优势的“印度制造”等冲击了“中国制造”，对中国纺织品出口欧盟产生了抑制作用。2011 年进行的调研报告表明，整个从事机电行业出口业务的企业都受到了欧洲主权债务危机不同程度的影响。中国传统的加工贸易方式，在成本上升时，完全不占优势。在这样的条件下，欧盟各个国家经济疲软，中国产品出口便受到了进口需求的限制，出口的增长速度迅速下滑。欧债危机不断深化导致从事玩具行业的企业出口持续下降。

### （五）欧债危机对中国出口导向型企业出口产业结构的影响

自从改革开放以来，中国的经济导向一直都是外向型，低价出口政策，导致同一商品国内价格远高于国外价格。当国外经济出现危机，国内就会加大基础建设投资来维持经济的高速增长。这样做不仅浪费资源、污染环境，还无法进行产业结构调整升级，导致可持续发展受到阻碍，使产品竞争力不足。2008 年美国经济危机席卷了全球。中国政府立刻对其做出应对措施，投放 4 万亿元资金。这虽在一定程度上为居民提供了就业机会，使得社会和经济处于一个相对稳定的状态，但由于未进行产业结构升级调整，导致产能过剩，加剧了二者之间的矛盾状态。欧洲主权债务危机的爆发及不断深化，导致中国的进出口贸易受到影响。一些企业为了适应这样的经济状态，不得不对自身的产业结构进行微调，进而提升中国整体的进出口实力，增加产品科技含量，创造自有品牌，使得国内外出口商品价格一致，扩大国内消费水平，进而实现出口产业结构的升级。

### （六）欧债危机对中国出口导向型企业财务风险结构的影响

欧债危机对中国出口导向型企业财务风险结构的影响分为两个方面，一是收支性筹资风险加剧，二是现金流量风险加剧。

收支性筹资风险是指当企业收不抵支时无力还本付息的风险。欧债危机的不断深化，欧元贬值导致国外采购方支付能力下降，进口需求下降，中国只能转出口为内销。如果国内供过于求，就会导致市场价格下跌，进而降低企业的销售收入。收入下降的同时原材料、人力成本等不断增加，将导致出口毛利率下降，长此以往，就很可能导致出口企业破产。

现金流量风险就是指在某一时点企业的现金流出大于现金流入，净现金流入为负所形成的风险。产生这种风险的原因是企业理财不当。具体表现为：（1）利率风险。利率风险是指由于利率波动所引起的对未来收益等的不确定性而形成的损失。利率是货币政策的调节工具，为应对欧债危机，政府采取了这一手段。利率变动会使得企业现金流波动。利率下调，那么高利率贷款利息负担较重；利率上调，企业融资成本加大。（2）应收账款风险。应收账款会带来坏账风险。欧洲主权债务风险的蔓延，欧盟采购方付款期拖延，加剧了企业资金链断裂的风险。（3）金融风险。金融风险是指未来一段时间内金融资产所带来的预期收益遭受损失的可能性。欧债危机使得股市动荡不安，企业所拥有的金融资产不能及时按照预期收益及时抛售变现。汇率变动及成本上升，削弱了企业的融资能力，经济环境恶劣，企业现金流难以控制，加剧现金流量风险。（4）投资风险。投资风险是指企业利用现有资金进行投资，在未来时期及时收回本金且获取收益的不确定导致的损失。欧债危机对各种投资市场造成了负面的影响，投资环境恶劣导致投资风险加剧。（5）衍生工具运作风险加剧。衍生金融工具运作风险是指企业运用衍生金融工具进行套期保值和套利进而产生的风险。欧债危机的爆发使得金融市场动荡，企业为了规避风险，纷纷采取套期保值的操作，但也有可能由于操作不当而导致损失，面临风险。

### （七）欧债危机对中国出口导向型企业投资结构的影响

相比于传统制造业，跨国公司更喜爱批发零售业、商务服务行业、IT 行业以及科学性技术行业，且欧债危机爆发后对后者的投资比例有所上升。这些偏好的改变将改变中国的出口结构，使得中国的企业更接近国际化轨道。欧债危机虽然给中国出口带来了不利影响，但同时也给中国出口导向型企业带来了走出去的机会。欧债危机爆发后，中国对欧盟的投资迅速增长。中国一般以并购的方式进行投资控股，迅速渗透欧盟市场。欧债危机后，欧盟国家需要引进外资弥补财政赤字。尤其是危机五国，迫切希望中国企业可以对其进行投资。因此，欧债危机为中国渗透欧盟市场，对欧盟进行投资提供了前所未有的机遇。

### （八）欧债危机对中国出口导向型企业贸易渠道的影响

下面将从五个方面说明欧债危机对中国出口导向型企业贸易渠道的影响。

第一，欧债危机的爆发冲击了欧元区国家的经济发展，使得经济处于低迷状态，增长速度放缓，无论是进出口需求还是内需均有所下降。2009 年爆发的欧洲主权债务危机使得欧盟内部经济处于衰退时期，削弱了需求，特别会减少对中国出口产品的需求。欧盟经济增速放缓，冲击了资本市场，使得投资者信心不足，失业率增加，收入减少，居民购买力下降，引发恐慌。为了缓解欧债危机的影响，欧盟内部国家采取了财政紧缩政策，造成居民消费下降。消费是拉动经济增长的动力，消费下降必然导致经济下降，而经济进一步的下降抑制了居民的消费，如此，恶性循环。欧盟成员国法国和德国的经济增长迟缓，导致欧盟整体经济发展迟缓。欧盟内部一些国家拥有大量的负债，不得不采取减少赤字的策略，但是这样的做法对于衰退的经济就是雪上加霜，导致财政政策失效。Rose（2000）认为如果某一个国家发生主权债务危机就会使得双边贸易下降。Furceri 和 Zdzienicka 利用 1970～2008 年 154 个国家的面板数据分析认为，债务危机的破坏力远高于货币危机和银行危机，债务危机对于经济的冲击更加明显且持续时间较长，短期内就会使经济下滑。经济衰退和投资者信心不足导致市场需求下降。欧盟是中国第二大贸易伙伴，欧盟进口需求下降，直接影响到中国出口企业的经营业绩，进而影响中国的经济状况。中国对外贸易依赖严重，欧盟进口需求下降，导致欧盟境内居民消费下降，没钱消费，这一状况冲击了中国出口导向型外贸企业的生存。

第二，欧债危机爆发后，欧元汇率下降，人民币预期升值，这一情况势必会影响中国和欧盟之间的贸易往来。欧债危机爆发后，冲击了欧美等发达经济体的经济，经济衰退导致欧元贬值，而中国经济虽受到了波及，但经济发展相对平稳，所以市场预期人民币将会升值。人民币升值强劲会使得国内出口企业出口困难，对于改善现有的经营环境无疑是雪上加霜。2009 年欧债危机爆发以来，欧元一直在贬值，随着欧债危机的不断蔓延和深化，欧元贬值越演越烈，2012 年末贬值率达到了 11%。由于存在汇率风险，国内很多企业不接欧洲的长期订单而只接欧洲的短期订单，且采用美元结算，这样便限制了产品利润率。欧盟内部统一货币，使得中欧贸易对汇率的变动反应更加集中和敏感，汇率波动会影响中欧双方的贸易结构。短期内欧元贬值将会扩大中国对欧盟的贸易收支。欧债危机冲击了欧美等发达经济体，导致欧元、美元等硬通货贬值，而市场预期人民币会升值，中国将承受着人民币升值的巨大压力。除了欧债危机外，美债危机同样会导致欧元、美元贬值、人民币升值的尴尬局面。改革开放以来，中国经济高速发展和变革，中国经济发展越强盛，人民币在国际上的地位就越突出，世界资本流入中国市场的愿望就越强烈。中国是各个国家的“世界工厂”，代理加工各种商品再进行出口，进而使得中国贸易顺差余额越来越多。中国与其他国家进行贸易往来时，采取结售汇制度，即外汇均兑换成人民币，这样越来越多的外汇就变成了中国自己的资产。外汇规模扩大不仅使中国需要面临人民币升值的压力，还要面临通货膨胀的压力，这种状况会使得中国的货币政策陷入两难境地。欧元贬值、人民币升值，将会使中国向欧盟出口变得更加困难，且欧元汇率的变化幅度和期限无法预期，使中国出口导向型企业的成本管理变得更加困难。

第三，贸易保护主义抬头和贸易壁垒加大。国家的经济形势和政治形势会影响欧盟对华的贸易政策，受欧债危机的影响，欧盟经济萎缩，失业率增加，居民消费下降，政府为了能够缓解欧债危机所带来的不良后果，不得不实行贸易保护政策。但是贸易保护政策倾向的增长，使得中国出口导向型企业苦不堪言。出口的贸易壁垒加大，使得中国出口企业经营环境恶劣，成本上升的同时收益下降。

第四，欧洲企业资金链问题。随着欧洲主权债务危机的不断蔓延和深化，许多欧洲企业经营环境恶劣，资金周转出现问题，资不抵债，导致企业被迫破产清算，拖欠货款、拒付款项等事项频频发生，导致以出口为导向的企业资金链断裂。资金链对于一个企业来说至关重要，一旦出现资金链断裂，出口导向型企业就会出现销售不出去货物、银行贷款审批不下来、收不到货款之类的事情，影响叠加就会拖垮出口导向型企业。由此可见，对于出口导向型的企业来说，资金链就是其生命线。

第五，欧债危机对其他经济体的影响。欧债危机爆发后，美元、日元对欧元升值，造成这两个国家的经济出现衰退。美国和日本同样也是中国对外贸易的重要合作伙伴，这两个国家经济出现低迷状态，不利于中国的对外贸易，影响中国企业的出口。

### （九）欧债危机对中国出口导向型企业的羊群效应分析

欧债危机不仅仅通过贸易、金融途径来影响中国出口导向型企业，还可以通过“羊群效应”对中国出口导向型企业造成不利影响，通过直接影响出口企业，间接对中国整体经济产生负面影响。欧债危机冲击了全球的经济，使得世界经济整体处于相对低迷的状态，打击了投资者对市场的信心。这就可能会引发羊群效应，即由于双方的信息不对称，个体投资者会受到市场集体决策的影响，出现从众现象。随着欧债危机的不断蔓延和深化，欧元区投资者对欧洲市场的信心指数下降，纷纷逃离欧洲市场，使得欧洲股市持续低迷。由于传导效应，欧元区投资者信心下降的消息传到中国，使得中国投资者对中国市场经济也不看好，信心下降，进而使得中国股市下挫。欧洲资本市场和中国资本市场的委靡不振，持续下挫的趋势影响了中国出口导向型企业的经营业绩。欧洲境内，资本市场不景气和股市低迷，使得有进口需求的企业直接融资成本上升，融资困难，进口需求下降，进而影响中国出口导向型企业的货物、服务等的出口。在中国境内，资本市场和股市不景气，导致中国出口导向型企业通过上市等直接融资方式融资困难，资金周转困难，流动性不足。融资困难所导致的资金链断裂就会是压死出口导向型企业的一根稻草，导致企业破产倒闭。

第八章

# 中国地方政府债务的成因及风险

近些年来，随着中国分税制改革的完成和经济发展新常态下“营改增”等一系列税费改革政策的推出，中央对经济发展的宏观调控能力有了明显的强化和改善。与此同时，这也不同程度地提高了各级地方政府对中央政府的依靠性和对中央财政的依赖性，由此难免会引起地方政府的资金短缺或不足。随着中国市场经济体制改革的不断推进和政治环境的不断完善，政府职能也随之发生了转变。地方政府为了适应国际和国内经济环境的改变，一方面需要对经济结构进行优化调整，另一方面也需要加快社会基础设施的建设，运用多种融资方式，多方位、多渠道进行建设资金的筹集。这确实推动了地方经济和社会事业的发展，同时，也因为中央政府对各级地方政府缺乏有效的立法规范和必要的监管，在各级地方政府间逐渐形成了多头、无序甚至无节制的融资局面。部分地方政府超规模举债，直接导致地方政府的显性或隐性债务负担日益加重。部分地方政府因为财力窘迫，待偿债务不断累积增多，债务风险日益突出，对地方经济和社会发展已经产生了较多负面影响。当前的政府债务问题与新常态下的国民经济发展存在极大的不相容性。因此，加强地方政府债务风险控制，展开地方政府债务问题研究意义重大。

## 第一节　中国地方政府债务的现状及规模

### 一　地方政府债务结构与规模

近几年来，中国地方政府债务规模总量不断扩大、增长速度不断加快且存在结构不合理的问题。截至 2018 年，中国共对地方政府债务进行了两次全面的审计。2011 年，国家审计署组织进行了第一次中国地方政府债务审计工作，此次审计涵盖了省、市、县三个层级的地方政府，对 2010 年及之前的地方政府债务数据进行了全面的审查。审计结果表明，各个层级的地方政府普遍存在负债，仅有 54 个县级政府无负债。统计数据显示，全国地方政府债务余额高达 10. 7 万亿元，其中需要地方政府偿还的债务为 6. 7 万亿元，地方政府提供担保的债务为 2. 34 万亿元，可能需要地方政府提供救助的债务为 1. 66 万亿元。可以看到，地方政府承担直接责任的债务占六成以上，剩余近四成债务为地方政府或有债务，地方政府承担间接责任。

紧接着在 2013 年，国家审计署组织开展了对地方政府债务的第二次审计工作，此次审计工作相比于 2011 年的第一次审计，不论在审计范围还是在审计项目上都有了进一步的扩展。此次审计工作对中央、省、市、县和乡镇五个层级地方政府的多项债务数据进行了审查汇总。统计结果显示，到 2013 年 6 月底，中国地方政府债务余额总计为 17. 89 万亿元，其中需要地方政府偿还的债务约为 10. 89 万亿元，需要地方政府提供担保的债务约为 2. 67 万亿元，可能需要地方政府提供救助的债务约为 4. 34 万亿元。地方政府承担直接责任的债务仍然占六成以上。

可以看到，从 2011 年到 2013 年 6 月份，仅仅两年半的时间，中国地方政府债务便增加了 7. 19 万亿元，增加规模较大；增长率高达 67. 20%，年均增长率为 22. 77%，增长速度较快。地方政府负有直接偿还义务的债务增加了 4. 19 万亿元，增幅 62. 54%，占比由 62. 62% 变为 60. 87%，所占比例虽有小幅下跌，但是仍居高不下。地方政府或有债务增加了 3. 00 万亿元，占比由 37. 38% 增加至 39. 13%。其中，地方政府承担担保责任的债务增加额为 0. 33 万亿元，可能需要政府承担救助责任的债务增加额为 2. 68 万亿元，此部分债务虽然不需要地方政府直接偿还，但仍需地方政府承担相应的责任，且相对来说风险更加隐蔽，所具有的风险不容忽视。总的来看，现阶段中国地方政府债务呈现出规模总量巨大、增长迅速、结构比例不均的特点，地方政府债务结构与规模没有得到很好的规划与控制①。

## 二　地方政府债务层级分布

纵观所有的地方政府债务，债务比重最大的是市级政府，达到44.49%；其次是县级政府，达到36.35%。就某一具体层级的政府负债而言，其在地方政府负债总额中的比例也有相似趋势，市级政府居首，占40.75%；其次是省级，为29.03%；再次为县级的28.18%；居末的为乡镇。出现这种现象的原因主要为各级政府承担的责任有所差异。在中国，对于各级城市化的建设，最主要的责任由市级政府承担。相对而言，其他层级政府在有关基础设施建设方面的责任领域不如市级政府广泛。然而市级政府在财政收入方面，尤其是税收方面，并不比其他层级政府具备更大的优势，而在资金方面，市级政府所需的支持却远高于其他层级政府。值得一提的是，县级政府的负债比重也相对较高，但由于多数城建任务均由市级政府承担，而大部分县级政府的经济发展水平并不如市级政府高，经济基础也相对较差，负担不了太多的城建任务，因此其负债比重相对于市级政府来说较低。对于省级政府所负担的债务来说，其或有负债的占比远远超过其他层级政府，比例高达65.77%。从全国来看，归属省级的或有负债几乎占据了半壁江山，比例高达48.76%。从这些数据可以看出，省级政府存在大量的潜在负债，究其根本，还是由于省级政府的经济总量高，对财政收入享有较高的支配权力，资金的去向复杂，风险便也相应提高，因而潜在的负

① 本段数据来自中华人民共和国财政部网站，http://www.mof.gov.cn/index.htm。

债也会增多。此外，省级政府的管辖范围要大于其他层级政府，如若其他层级的政府不能承担自身的债务，省级政府也将有责任代为承担，以达到中央政府的要求，因此省级政府所需承担的责任不仅在于其政府本身，更要为下级政府负责。

根据以上数据可以得出结论，市、县两级政府承担了中国大部分的地方政府负债。自分税制改革以来，市级政府和县级政府成为事权下移和财权上收的主要承担者，这使得市、县两级政府不仅要承担起大量的城市化建设任务，而且缺乏与大量的支出相匹配的财政收入。更有国家针对不合理收入政策的收紧，使得收入根本无法满足支出的需要，矛盾进一步加深，导致市、县两级政府财政赤字不断扩大，越来越多的市、县政府不得不举借外债以应对危机。

## 三　地方政府债务区域分布

就区域而言，地方政府负债比重最高的当属东部地区，其政府负债总额占总债务的45.11%，其次是西部，最后是中部，但中西部差距不大。如此看来，经济发展越快的地区负债越多，反之，负债则越少。也就是说经济的发展与负债水平之间存在一定程度的正向关系。出现这种现象绝非偶然，区域对城建的支出大多取决于经济发展水平的高低。经济发展水平越高，所需的基础设施越完善，对资金的需求就越旺盛。那么在财政收入不能满足城建支出的情况下，负债规模便随之增加。东部地区对于城市化建设较大的需求正是由于其较快的经济发展速度、较大的宏观经济总量以及稳定的经济发展环境。因为有了雄厚的经济基础作为支撑，东部地区地方政府在借债时就有更大的底气，负债规模也因此增加。而中西部地区的经济无论是规模还是发展速度都不及东部，对于城建的需求也不如东部地区，没有那么大的资金需要，加之没有雄厚的经济基础为支撑，偿债能力不足，便无法取得大量的债务。

## 四 地方政府债务资金来源

在债务来源方面，地方政府的大部分借款来自银行，从银行发出的借款占79%，接近全部借款的八成，而这其中，有85%属于地方政府的信用借债。不过，在中央政府出台相关禁令以后，信用借债无法继续，迫使地方政府不得不选择具有更大潜在风险的无政府信用担保负债，于是以企业债为主要方式的城投债出现并且增长迅速。新的融资方式也随之而来，包括同样突飞猛增的城投中期票据以及短期融资券中的定向工具。虽然AA级城投债的发行量不断扩大，比重接近50%，但其等级总体呈下降趋势，无担保城投债的比重正在增加。

根据国家审计署的统计资料，中国地方政府的债券资金主要来源于两方面。其中，银行贷款是最主要的一方面。按照审计资料，投融资平台所负担的债务在全部借款主体中是最多的，而银行贷款占据了其债务的大部分，因此地方政府的债务大部分来源于银行存款也就不足为奇了。由于中国金融体系的特点，各个银行存在资金拆借现象，彼此相互依赖，容易引发“多米诺骨牌效应”，牵一发而动全身。若某一银行的贷款存在较大风险，势必会影响到其他银行，这种风险的传递与转换会对银行体系的稳定产生不利影响，甚至可能会对金融系统的稳定产生消极影响。而就中国而言，以国有银行为代表的很多银行与政府的关系错综复杂。一旦银行风险过大，政府就不可能置身事外，势必要承担相应的责任，这也就意味着政府的债务将进一步增加，财政负担也随之进一步加重。另一方面就是发行债券。但审计资料显示，截至2013年，在整个地方政府债务的来源中，政府债券所占比例只有 10.23%，相对来说实在太低，这也反映了债券目前尚未成为中国地方政府债务的主要资金来源。但随着 2015 年新《中华人民共和国预算法》的实行，政府债券开启了新的阶段，考虑到管理的规范化与风险的防范，通过发行债券来筹集资金在不久的将来一定会成为地方政府首选的融资方式。

## 五　地方政府偿债资金来源

相比于借债资金来说，偿债资金的来源实在是不容乐观。到目前为止，中国地方政府大部分偿债资金来自土地收入。土地收入不仅缺乏持续的资金流，而且相当不稳定。就国家审计署 2013 年的审计报告来看，到 2012 年底，总共有 1723 个省、市、县级政府选择用土地收入作为偿债的主要方式。然而据统计，当年的应付负债余额高达 9.36 万亿元，而土地收入仅有 3.49 万亿元，尚不足债务的四成，入不敷出。但不可否认的是，中国大部分地方政府的财政收入的确以土地收入为主，甚至在某些地区已经成为财政收入的首要来源。据国家审计署的统计资料，在全国 23 个省市中，有 17 个省级政府的土地收入占政府债务的比重超过 30%，其中超过 50% 的就有 11 个。省级政府土地收入占政府债务的比重最低也达到了 20.67%。上述数据深刻表明，地方政府已经很依赖于以土地收入来偿还债务。不仅如此，将土地作为抵押品也是许多投融资平台热衷的选择。那么如果房地产行业呈下降趋势，陷入低迷，土地收入便会随之减少，地方政府将会无力偿还其应承担的债务，而且随着城镇化的加快，可出让的土地规模不断缩小，如此下去风险只会逐渐增大。因此，地方政府以土地收入作为偿还债务的途径只能是暂时的，并不能作为持续的手段，长此以往只会增大风险。

## 第二节　中国地方政府债务的成因

### 一　不完善的财政分权制度

中国的财政体制改革进行的并不彻底，这一不彻底性重点表现为以下两个方面：其一，事权下移与财权上收使得事权与财权并不对等，无论中央还是地方皆是如此；其二，改革并未明确针对事权的权力划分。自 1994 年以来，中国对于分税制的改革如火如荼地进行着，却不想其弊端也已逐渐显现。首先，事权下移的结果就是地方政府不得不承担起巨大的城建任务和越来越大的支出压力，而财权上收则不断地减少着地方政府的财政收入。如此一增一减，地方政府的事权与财权出现了严重的不对等现象，且这种现象越来越广泛，尤其在基层，更为明显。为了有效地缓解这一问题，地方政府大多通过举借外债的方式来增加收入，弥补逐渐增大的财政赤字。其次，不难发现中央政府的职责范围与地方政府的分界并不明显，也就是说，中央与地方对于事权的责任划分并不明确。这大部分是因为中国对于各级政府的职责划分并未做出细致的规定，从而出现了较多的职责重叠，不仅降低了资源的配置效率，而且造成了浪费。事权责任不断下移而引发的责任错位，更是加重了事权与财权的冲突。财政收入本就匮乏的基层政府不得不承担起与之能力并不相符的支出责任，不仅如此，更有中央政府分派的多项任务，增添了额外的负担。这些全都成为引发地方政府举债的重要原因。

由此，地方政府的财政收入不抵支出，出现严重的财政赤字。而缓慢增长的财政收入、急速增加的财政支出以及效率低下的转移支付更是加深了这种财政收入与支出之间的矛盾。

### （一）缓慢增长的财政收入

地方政府当前的财政收入大部分由税收和土地收入组成，而税收所占比重较大，接近八成。虽然税收的比例较大，但税收的稳定性也较强。因为地方政府无权对税率等税制做出改变甚至影响，所以税收根本无法取决于地方政府的意愿。此类收入只能根据税制确定其增长，因此其增长是缓慢且有限的。

除税收以外，财政收入的另一主要构成就是土地收入。自1990年国家针对土地出让的规定实施以来，房地产市场便迅速成长起来。最近几年，土地出让市场发展迅速，拥有和控制土地的地方政府通过出让国有土地得到的收入逐渐增加，因此其在财政收入中的占比也越来越高，这使得土地收入变成财政收入的重要组成部分。更有甚者，某些地方政府对于土地收入的依赖甚至超越了税收（北京兰瑞环球投资管理咨询有限公司，2018）。这些现象使得地方政府不得不加大对土地收入的重视程度，以期能够尽可能地弥补财政赤字，推动经济发展。而土地收入的高低与债务融资的多少呈反方向变动。不难理解，如若地方政府的土地收入较高，则表示该政府的财政资金较多，也就无需发行过多的债券进行融资；反之，债务资金便会增加。这也说明土地出让收入短时间内会抑制债务融资。但是，正如前文所述，土地收入的增长只是一时的，无法实现持续增长，加之国家对土地使用权的控制，很大程度上影响了土地收入。因此长期看来，土地收入的增长实为有限。

如此看来，税收收入和土地收入的缓慢增长以及增长的有限，使得地方政府财政收入无法达到有效的增长，进而加深了收支矛盾。

### （二）急速增加的财政支出

马斯洛的需求层次理论表明，随着经济的逐渐繁荣，人们对生活水平的要求越来越高，人们对于公共基础设施建设的需求也会越来越大。地方政府为满足公众越来越高的需求，必然会逐渐扩大财政支出。但这种逐渐增加的支出正一步步加剧地方政府的潜在风险，支出的快速增长能力已经远远大于收入的增长能力，收不抵支，导致债务越来越多，赤字越来越大。

随着中国城镇化进程的加快，人民群众的需求有所上升，地方政府面临的人民群众对于各种公共设施的需求越来越大，尤其是对教育、交通以及医疗等人们生活中必不可少的公共产品的需求。然而，这些基础设施要完善起来，所需的资金又何止一星半点，但这些资金又是不得不支出的，因此政府的财政支付只会越来越大，仅靠税收与土地收入根本难以维持。在收入不能相应增长的情况下，收入与支出的差距也会越来越大。为了减少赤字，只能通过发行债券来获得所需的资金。

**（三）效率低下的转移支付**

鉴于以上两点原因，地方政府的财政收入与财政支出的差额逐渐增加，各级地方政府不得不向中央寻求帮助。如此一来，中央政府为了实现各地区的均等化而向地方拨付的款项也就形成了地方政府的收入，但这些转移支付是否足以缓解地方政府的财政赤字还有待考量。眼下中国转移支付的形式重点包括以下三种：一般转移支付、专项转移支付以及税收返还。然而中央对于地方政府的拨款制度并不完善，其中包含着许多缺陷甚至是漏洞。

首先，一般转移支付主要包括两种方式，一种是均衡性转移支付，另一种则是中央为地方分担压力而支付给地方的款项。通常将中央政府对地方政府无条件的款项支付称为均衡性转移支付，其目标是使各个地方政府的收入趋于均等，从而保障各地区城建服务实现公平。为此，对于财政收入与支出差额较大的地区，中央会给予其部分补偿，但这种补偿并非没有缺陷，它缺少科学有效的衡量标准，不能实现对各地区进行公平补偿。迄今为止，一般转移支付的额度分配一直存在重大缺陷，对于那些人口基数大、经济落后、设施不完善的地区，中央并没有切实地帮助到他们。或者说转移支付并没有缩小贫富差距，需要帮助的地区也缺少重点关注。总而言之，一般转移支付并不足以达到有效缓解财政赤字的目的。

其次，专项转移支付作为中央对地方的补贴，属于转移支付的附属品，是为了帮助地方完成中央给予的任务，从而整体上对中央所制定的政策方针的实施起到一定的促进作用，进而达到预定的目标。不得不说，专项转移支付并非是为了弥补财政赤字而设立的，它的设立是为了促进某一特定项目的实施，而且需要地方加以配合，提供相应的资金。从这一层面来说，它并不是均等的。很多情况下，中央并不了解当地的实际状况，对需要补助的项目也缺乏深入的调查，从而使其所选的项目并不符合当地的财政特征。除此之外，专项转移支付还使得当地政府无法按照当地的真正情况开展活动，安排财政资金的流向，使政府缺乏财政上的自主权利。更有甚者，因为专项转移支付并没有相关的法律法规的束缚，导致暗箱操作频发，加之缺乏公开透明的监督机制，虚假申报行为也越来越多。

最后，以“增量调节”为主的税收返还实施也并不公平。因为在进行税收返还时，返还的金额大都取决于各个地区的已有利益，已有利益越多，返还的金额也就越多。这样一来，富裕地区越来越富裕，贫困地区越来越贫困，根本没办法实现公平地解决财政赤字的目的，反而会加大各个地区之间的贫富差额，并没有取得应有的效果。鉴于此，税收返还具有不可调和的内在缺陷，将来返还金额的增长势必会受到影响，其在转移支付中的比例也会不断降低。

由此可以看出，缓慢增长的财政收入、急速增加的财政支出以及效率低下的转移支付更加表明了这种财政收入与支出之间的矛盾具有长期性，并非是一朝一夕可以改善的。自分税制改革以来，地方当局的财政收入无法实现有效增长，而肩上的责任却不断增加，收入与支出的差距不断扩大。在这样的情况下，为了同时满足经济进步与公共设施齐备的双重目标，地方政府不得不考虑其他新的方式取得资金，比如以债券融资。发行债券不仅可以缓解财政赤字问题，而且并不会给纳税人造成很大的负担，也不需要政府及时还债，因此发债不失为政府融通资金的一种好方式。

## 二 中央对经济发展的高度重视

就目前而言，中国对于政府官员的考核体制并不完善，长期以来主要是看其所在地区的经济状况，包括经济发展水平、招商引资情况等，过度重视以 GDP 增长为中心的各种与经济发展相关的指标，使大量政府的当权者过度追逐经济的快速进步而失去建设平衡。一直以来对考核指标都有进行修改和增加，比如 2000 年将不良债务的化解加入考核体系，又如2007 年在对地方政府进行业绩评价时，将污染物减排加入考核体系中。不仅如此，对地方政府官员的考核还强化了相关责任追究以及一票否决权的确立。中央也曾表示，将经济增长作为评估的唯一标准是不准确的，并做出相应规定。然而把规定付诸实践实在不易，这样做的成效也并不明显，以 GDP 增长率为核心的这些指标仍然牢牢地牵动着各级官员的行为。

这样的考核方式虽然从某种程度上确实促进了各级官员充分发挥自身的主观能动性去发展经济，但其带来的缺陷也是显而易见的。对经济增长的过度重视不仅会导致各个地方政府展开不正当的竞争，造成市场资源的重复与浪费，而且还会使得各级地方政府争相寻求投资以加快自身地区的经济发展。

首先，地方政府自身经常变成地方重大工程的投资者和建设者。而作为中央的代理方和人民群众的代表方，由于当地政府对产权缺少必要的约束，没有充分考虑投资收入与损失之间的关系，对于盲目乃至错误的投资与扩张也能负担起相应的责任。很多表面上的、单纯为了政绩而实施的项目，一直不断地进行低层次建设，已经成为大多数地方政府的共同特征。这样做的后果就是地方政府不得不承担巨额的亏损并进一步形成自身的债务。由此可见，过度地盲目投资已经成为地方政府债务积压的一个重要因素。

其次，地方政府除了作为投资者以外，其吸引投资的另一普遍方式就是招商引资。为了吸引更多的资金，很多地方官员都会向其拉来的企业保证会给予他们较多的便利，例如，提供相应的财务及流程支持、减税降费、将其所需要的土地以较低价格甚至免费提供给他们等。在引进这些企业以后，当地政府不得不投入部分资金与设施来支持他们的发展，而地方政府的资金本来就有限，因此政府不得不举借外债来募集资金，这也成为地方政府融资的主要方式和最佳选择。然而这样不仅做了无用功，也形成了大规模的债务膨胀。

再次，为了促进经济发展，地方政府除了作为投资者和进行招商引资以外，还会选择用自身的名义进行借款，之后再以贷款的形式向同地方政府借款的企业提供债务资金。但是，对政府和企业来说，其可获得的信息存在不对称性，政府当局获得的信息一般并不充足，并不能充分了解企业对于这些资金的使用和其面临的风险水平。而政府并不愿意为了获得充足的信息而去承担较高的成本，只能在交易的时候增加成本。但是，对风险承受能力较低的公司来说，当交易成本高于其预期的成本时，他们将不会进行这项交易，也就是放弃借贷。而对风险承受能力较高的公司来说，他们并不会在意交易成本的高低，这样就会引发“格雷欣定律”，最终只有高风险的企业才会与政府进行借贷交易。这样的结果就是政府可能会面临更大的风险，要承担起偿还这些企业债务的责任，使政府的再投资受到影响。

最后，增加地方政府负债的另一种情况就是资金的分配不当。政府如果为了取得较高的回报，将原本应该用于城市化建设的资金改投到那些能带来高回报的企业中去，而这些资金原本的去处是那些耗时长、低回报的公益项目。资金的挪用会使得这些公益项目的建设时间进一步加长甚至建设中断，这样就使得地方政府必须动用财政资金甚至是再次借债来贴补空缺。这种“拆东墙补西墙”的方式必然会加重地方政府的负担。

除以上几点外，地方政府持续扩张的负债还源于以下三个方面。第一，在目前的财政和税收制度下，地方当局的收入与当地的经济状况有很大联系，所以，地方政府会有相当强烈的欲望想要促进本地的经济发展，这种情况对于政府负债的持续扩张也起到一定的助推作用。第二，地方政府官员较短的任职时间不仅导致了当权者对当地发展目标制定的过于短浅，不考虑债务融资的期限，而且使得不断累加的政府债务没办法得到行之有效的解决。第三，地方当局对于预算的软性限制也将加强各级政府官员之间的竞争。根据中国现行的政治法律体系，如果地方政府发生意外，上级乃至中央政府绝不会袖手旁观，要代为承担。而地方政府深知这一情形，也因此更加肆无忌惮地支出大量的财政资金。为了拔得竞争中的头筹，获得晋升机会，地方当权者会对大量企业的发展和扩张提供便利，这往往会扩大当地政府的财政收支缺口，甚至导致更大的违约风险。

## 三　地方政府对债务的管理较为混乱

引发中国地方政府债务持续增加的原因还包括地方当局对于债务的管理过于混乱。现阶段中国地方政府对于自身债务的管理主要存在三个问题。

### （一）缺少正式的、强有力的债务管理机构

当前，中国地方政府的债务已经达到一定的规模，但缺少正式的、强有力的债务管理机构，只有财政部下设的“地方政府债务管理处”管理着地方政府的负债。不过，现在该机构的管理范围尚未达到全国水平，而且不论是管理人员还是管理资源都非常有限，根本无法实施较大范围的负债管理。没有法律和监管的要求，该机构一时之间很难建立一整套标准化的地方政府债务管理办法。面对目前地方政府如此大规模的债务体系，中央却没有实施较为有力的管理措施，只是把地方政府从中央转贷的一部分交给财政部实行一般化管理，而对其他大部分负债和地方政府的筹资并未实施统一有效的管理。不仅如此，在决定是否借债以及借多少债的问题上，因为没有统一的机构认定，地方政府借债并不需要走审核批准流程，只要各级领导及相关方同意即可做出决定。地方政府为了获取相关利益，其债务融资通常很容易实现，只需要经过简便的决定和审核批准程序即可。地方政府不仅向银行借债，而且向个人、企业筹集资金，因此管理难度较大。财政部并不能时时关注各级地方政府的负债情况，更不用说对其进行有效的监督与管理了。鉴于以上困难，财政部门只能选择在各个部门出现较大的债务风险甚至是危机时才会采取措施，并且只能经由扣减财政预算的方式来偿还

债务。

地方政府对借款单位和相关责任方缺少必要的限制举措，而且地方政府借债存在资金担保并无后顾之忧，故易于引发借款单位的道德风险。为实现利益最大化，借款单位将对自身有好处的相关信息用于故意避免偿还应付债务，甚至出现债务转嫁的可能。很多公司和单位的领导缺乏足够的还款自觉性，缺乏还款的主观能动性，只是依赖于政府部门的财政资金来偿还债务。因为没有统一的债务管理机构，所以尽管这其中有很多的负债并非由政府部门借入或提供担保，但由于各种责任权利关系之间的分界并不清晰，如果出现还款危机，不管这些借款是否来自政府财政部门，政府都不得不运用财政资金来弥补亏空。这样一来，负债的数量又会进一步扩大。

### （二）缺乏科学的债务经营计划和风险规避机制

地方政府所能获得的借款数量很大程度上受其债务管理程度的影响。政府的债务管理是否有效，很大程度上表现为政府的信用等级、所筹资金的运用方向及运用的效率、所达到的效果等。若政府的债务管理水平较低，将会对经济发展带来不利的影响，使地方政府无法达到借债与还款的良性循环，从而导致债务规模不断增加。反之，若政府的债务管理水平较高，则会促进经济的发展，使债务规模维持在一定水平之内。

但因为地方政府对各项债务大多采用分散式的管理办法，其债务的运行普遍缺少适当有效的计划，更缺乏规范的有关借款的一系列流程。大多数借款资金都是由当权者决定用于何时、用于何处，而不是经过科学有效的分析决定，有可能临时决定之后迅速采取措施，导致地方政府存在较大的债务风险。尤其是现阶段仍然有大量政府的借债承诺与国家工业政策的整体方向相违背。虽然其能够任意发展生产来提升竞争力，但是从资金使用有效性的角度看，这种债务的使用效率通常较低，而且几乎不能依赖项目本身取得还款所需的资金。即便请求专家考量，确定项目可行性，也不会有根本上的变化，其所出具的报告也不过徒有其表，如若项目工程发生不测，主要责任人也能相互推诿。在融通资金方面，地方政府往往出于对其在政业绩的考量，忽视当地的偿付和还款能力，也不考虑经济发展、社会进步的真实需求，盲目选择各种工程项目，这样的后果无非就是用政府保证来维持其借款信用，造成借债数量越来越多，地方政府根本难以承担，或者是相关工程无法继续实施。

### （三）缺乏风险规避和债务安全机制

一方面，现阶段中国地方政府不具备通过金融手段来降低甚至避免汇率波动风险的能力。当然这一部分重点关注的是政府的对外举债。例如，如果贷款来自国际上的有关金融机构，通常比国内资本借贷时间更长，在项目开始之前就需要长达两年的准备，实施起来更是需要至少 3 年甚至 5 年的时间。以世界银行为例，一笔贷款就可以达到接近 20 年的周期。如此长的时间，借款的政府不仅要负担债务，还要尽可能地规避汇率风险。但在现实生活中，大多数的地方政府并不会选择运用金融工具来降低其所承担的风险。虽然说大部分对外借款的利息都比较低，但是世殊时异，目前的汇率相比之前可能增加了十几倍不止，这样的差距使政府的负债产生了很大的压力。

另一方面，借债政府设立的还款基金实在是太少。自 20 世纪末以来，地方政府已经纷纷进入了还款的时期，应还款项逐渐增多。然而，地方政府并不重视还款问题，在借款时就未曾对其还债所需的资金进行合理地分配，因此设立的还款基金数目太少，根本不足以偿还外债。另外，对于还款基金的创设，不同的地方有不同的特点，在经济发展水平较高的区域，还款基金相对完善一点，效率也比经济低迷地区要高一点。但是部分地方政府即便设立了相应的还款基金，多数也是只做做表面功夫，没有专业的管理和监督，相应的法律法规也不完善，基金的持续性和稳定性都无法得到保证。一旦出现其他情况，地方政府很可能弃其所应偿还的债务而不顾，将基金移作他用。如此还款基金也就失去了它原本设立之初的作用，使地方政府的还债能力失去保证。

## 第三节 中国地方政府债务存在的风险及现有的防治措施

### 一 中国地方政府债务存在的风险

#### （一）总量风险

如果地方政府的债务总体规模太大，在所借债务到期时无法正常还本付息，那么由此产生的风险为总量风险。根据国家审计署2013年组织进行的地方政府债务全面审计工作所得的审计数据，到2013年6月份为止，中国各级地方政府所负担的债务总额已经达到了17.89万亿元，年均增长率高达22.83%[①]。从当前数据来看，中国地方政府不论是债务总量还是债务增速都处于“高水平”状态，债务总体规模巨大已经成为中国当前地方政府债务发展的一个显著特征。虽然现阶段中国地方政府债务总量距离国际上通行的地方政府债务警戒线仍存在一定差距，各级地方政府债务水平也尚在可控范围之内，但其所具有的总量风险不可忽视，这种庞大的债务总量就像一颗定时炸弹，随时有可能对中国经济的平稳运行造成

① 数据来自中华人民共和国财政部网站，http：//www.mof.gov.cn/index.htm。

大规模的影响，产生极大的杀伤力。并且，现阶段中国部分县级地方政府、乡级地方政府所承担的债务远远高于其自身的财政收入，地方政府债务总量是其财政收入的几倍到几十倍不等，收入远远抵不过开支，所面临的总量风险极高。

### （二）结构风险

债务种类不合理、政府债务层级结构不均构成了中国目前地方政府债务的结构风险。地方政府忽视了或有债务的风险，导致或有债务占比较大，造成了中国现阶段地方政府债务种类不合理。同时，现阶段中国经济发展水平不同的地区以及不同层级的地方政府之间的债务结构存在明显的分布不均问题。纵观中国不同层级政府的债务，可以发现县级、乡级地方政府负债率极高，其所承担的债务总量巨大，但是自身偿债能力不足，导致地方政府债务风险水平进一步加剧。另外，相较于发达地区，经济发展水平相对落后的地区为了弥补自身的经济不足、提升地区发展水平，本身就需要大量资金，但是其地方政府缺乏相应的资金偿还能力，这无疑存在极大的债务风险。

### （三）效率风险

效率风险不但包括地方政府获得债务资金后未能将这笔钱高效率地使用的风险，还包括地方政府大规模发债后无法偿还所承担的债务的风险。造成效率风险的主要原因有以下两点。其一，各个地方政府之间的恶性竞争，地方政府间恶性攀比，为了达成高 GDP 的经济指标，过度举债，致使债务规模急剧增大，超出自身财政能力所能承担的水平。其二，政府举债后所得资金大多用于投资，然而，一方面地方政府投资于公共物品、基础设施等地区基础建设的资金，短期内难以获得回报，资金使用效率太低；另一方面各个地方政府一味追求高 GDP，地方政府对所引进的项目缺乏良好的筛选，投资引进的不少项目质量低、后期经营不善，仍需地方政府出资解决相应的资金短缺等问题。这些都使得地方政府债务所得资金未得到妥善利用，形成效率风险。

### （四）管理风险

管理风险主要是指目前中国地方政府并未对其所拥有的债务形成科学有效的监管制度、地方政府债务管理处于无序化状态所形成的风险。现阶段，中国各个层级的地方政府并没有对地方政府债务的发行、债务资金的利用、债务风险的监管等方面形成具体明确的条文规定，在债务管理机构、风险预算制度、避险保障机制等方面的建设也是空白。这种管理上的缺失不仅降低了债务资金的使用效率，而且使得各个层级的政府不能及时检测出地方政府债务所具有的风险水平，缺乏相应的风险应对措施，缺少对债务运行情况的及时反馈，无法对债务资金进行有效监管。这些都使得中国地方政府债务风险进一步加剧，管理风险也成为中国地方政府债务无法良性发展的极大隐患。

### （五）传递风险

传递风险主要体现为某一层级的地方政府财政收入有限、无力偿还所承担的债务，需要上一层级政府进行债务清偿。如果上级政府也存在相同的情况，会导致债务层层上移，政府最终会将偿债义务变相地转移给公众。中国县级以及乡级地方政府承担着大量地方基础设施建设工作，资金需求量大，大量资金通过自身发行的债务得到。然而，县级、乡级地方政府的财政收入有限，不能对所拥有的债务进行偿还，大规模的财政缺口无法弥补。如若上一层级的政府也没有足够的资金对自身及下一层级的政府债务进行偿还，那么通常最终的处理方法便是向社会公众征税，最后将地方政府的偿债义务变相地转移到公众身上。这种风险传递将对社会整体经济发展产生不良影响：增加公众的税负，增加人们的负担，打击人们的工作积极性，使企业效益受损，不利于经济平稳运行。

## 二 现有的防治措施

到目前为止，对于中国的地方政府债务存在的风险该如何治理与防护，已经有很多的专家学者给出了不同的方案。总体来讲有以下几个方面。

### （一）加大地方财政权力，使税制更加完善

由于政府收入主要来源于税收，为了解决地方政府的财政困难，需要对税收机制进行完善，促进地方政府的建设，加强政府财政自治，加大其财政权力。现在，个人以及企业所得税成为地方税收的主要税收种类。这些税种规模较小，税收缺乏弹性、不稳定，而且程序琐碎。所得税的这些缺点对地方财收的影响不可谓不大。所以，重新构建中国地方税的主要税制变成了各个专家学者关注的焦点。在划分税收种类的时候，既要保证经济效率，又要考虑税收征收与管理的协调。从中央偏向地方，增加地方的财政收入。将那些具备调控功能和分配效力的税种向中央转移，而将那些缺乏流动性和区域化显著的税种留在地方。当前中央政府牢牢掌握着对税收的立法权，不仅对地方的积极性产生消极影响，而且对地方政府的税收立法也不利。因此应当扩大地方政府的财政权力，重新划分中央与地方对税收的立法权，建立双层立法模式，以中央政府为主，地方政府补充，但要有部分立法权，包含税收的征收和暂停、税收项目的增加和减少以及税率的调整等。而全国人民代表大会或全国人大常务委员会拥有对共享税的立法权，如果不是其亲自立法，就是授权给国务院进行立法。不过中央和地方应该对税收的征收和暂停、征税项目的设定和税率的调整享有各自的权力。

### （二）明确中央和地方的责任划分

中国财政税收制度的财政权力与行政权之间存在失衡问题。只有科学地划分中央和地方的权力，才能实现财政权力与行政权的合理分配。在界定地方政府支出责任的同时，我们可以处理好地方财政权小于行政权的问题，也就能够解决好负债过多的麻烦。2014年6月，深化财税制度改革领导小组审查通过了《深化财税体制改革总体方案》，明确指出今后财政税务制度改革要构建权力和责任相一致的体系。苏功青、叶三见（1998）指出，按照中国的具体实际，行政权的分类应遵循利益范畴原则、能力原则和效率原则。其中，利益范畴原则是由中央政府掌握利益范畴能够涵盖大部分地区甚至全国范围的行政权力，而让地方掌握利益范畴只包含部分地区的行政权力。能力原则是按照能力大小来决定行政权的归属，即如果只有某一级政府才有能力行使一定权力，则这级政府就该享有这项权力。例如，某基础设施的建设所需的资源巨大，耗费时间很长，难度较大，又十分关键，不得不动用中央权力，因此只能让中央政府掌握这项权力。而有些设施由地方政府完全可以承担，就不必由中央负责。效率原则是权力的有效性问题，也就是说，权力应该由效率更高的政府来行使。举例来说，地方政府更擅长对公共产品的建设，而中央政府更适合从宏观角度来调控经济。因此，这三项原则对行政权的划分非常重要，若要真的让地方政府发挥作用，就必须将中央范围的一切事情交还给中央政府，而地方范围的事由地方政府负责，让他们各走各的路，各担各的责。同时，把制定的这种体系提交全国人大常务委员会审查核准，核准通过便进行立法，使其具备法律权威，也使得各级政府可以遵守法律，排除互相推卸责任的行为。这样既可以使中央政府与地方政府之间的行政权力得到更好的划分，又能够更大程度上保护当地公民的权益。

### （三）进一步完善转移支付制度

自从 1994 年改革了分税制以后，中央政府便利用转移支付来处理地方财政资源有限的情况，通过一般及专项转移支付和税款返还等方式将财政资金输入地方政府。然而，在实践中，现行的转移支付制度的效果并不尽如人意，或者说没有达到预期的效果。为了使现行的转移支付制度发挥更大的作用，也为了完善地方财政支持制度，针对地方财政的债务负担，提出以下三点建议。第一，运用法律途径将中国的转移支付规范化，处理好现行转移支付中已有的任意性强甚至是权力寻租的问题，包含对转移支付的资金配置的合理安排、对转移支付程序和监督制度的规范等。第二，我们要逐步减少甚至取消特殊的转移支付，即专项转移支付，逐渐强化平等。专项转移支付需要当地的资金作为支持资金，也正是这个原因，使发达地区的专项转移支付规模要远大于不发达的地区，加大了地区之间的收入不平等。我们要在平等原则下对转移支付的结构进行重新安排，在增加一般转移支付的同时逐步减少和取消这些专项转移支付。第三，迫切需要增加一般转移支付的数量。一般转移支付在世界范围内所占的比例是 50%，在中国这一比重却远远达不到国际水平，这表明中国一般转移支付的比重实在太小，已经大大制约了地方政府对于社会建设的积极性。在这种情况下，我们不只要加大一般转移支付的数量，而且还应该努力促进其成为转移支付的首要方式。与此同时，还要对一般转移支付的规模计算做出改进，以因子法代替基数法，准确审视区域经济发展、城市化进程、农业生产产值以及人口数量等因素，借此确定一般转移支付的数量及比重，从而充分发挥转移支付应有的效用，加快区域经济的发展，逐步实现平等的公共服务。

### （四）分清政府和市场的职能关系

政府对于市场经济规律的忽视以及对市场运行的过度干涉，已经导致地方政府财政入不敷出，使得地方政府承担了过多的负债。尤其在美国次贷危机发生以后，为了配合中央、响应政府，许多地方政府都进行了很多非理性的投资活动。例如，在2009年的经济增长促进因素方面，投资所占的比重超过九成，这很大程度上降低了区域的资源配置效率，也加重了地方政府的负债压力。所以，必须分清政府和市场的职责关系，逐步处理好政府职责中存在的错位、缺位、越位等问题，加快构建服务型政府。

我们第一步要做的就是，逐渐让国有企业在竞争区域失去竞争力，从而腾挪出更多的空间，让更多的私人资本能够加入。只有这样，市场才能真正起到对价格形成产生合理反应的作用，才能同时兼顾成本效益和技术进步。接下来，国有企业也要逐步退出地方公共区域，虽说公共物品是由政府提供的，但是由政府生产所有的公共物品显然是缺乏效率的。最好的方法是按照项目的收入判断不同公共物品的特点，从而制定运营方式。就纯公共物品而言，地方政府首先考虑自己的财政水平，按照这个标准设置投资计划，再按照每个项目的特性进行分类，降低非理性投资的比例，将与国民经济和民生相关的投资项目提到优先位置。而针对准公共产品，尽管其本身有收费体系，能够获得资金，但仅靠这种微薄的收入根本无法形成稳定的现金流，没有足够的资金也就无法获得投资，因此这种项目可以通过BOT、PPP等方式吸引资金，解决融资问题。如果无法取得足够的回报，政府可以考虑运用政府补贴来弥补社会的资本损失。科学合理地引入私人资本，不只能够减少地方政府的债务负担，而且能够扩大投资的来源。最后，对于准政府机构，如事业单位，应当进行分类处理。对图书馆、高科技研究以及基础性的教育等公益事业，地方政府要为其资金的供给提供保障。对除基础性教育之外的各类教育等半公共福利半经营企业，地方政府可以提供合理的补贴。而对于经营机构，地方政府应将它们全部推向市场。

总而言之，政府的职能必须得到合理界定，分清政府和市场的职能关系，政府首先应该制定好市场规则，做好对市场规则的实施和监管，决不能破坏市场存在的公平竞争，维持市场经济的相对独立。这样，政府与市场相互配合，以规则限定市场的行为，也能够为市场提供公平、有秩序的竞争环境。

### （五）构建科学有效的地方官员晋级评估体系

构建完整有效的地方官员晋级评估系统可以很大程度上控制地方政府的负债数量。就目前而言，评价地方官员能否得到升职的主要指标依旧是区域经济的发展状况。这样的指标促使大多数地方官员把 GDP 放在了至高位置，将所有的工作重心都放在这上面。为了实现经济的快速发展，许多地方官员进行了很多非理性投资、非理性借债，这不可避免地造成了负债数量的增加。考虑到以上这些问题，目前的地方官员晋级评估体系应当进行改革。首先应将经济类的工作成果与非经济类的工作成果结合，将短期成绩与中、长期成绩相结合，将显性与隐性成果综合考虑，从多个角度中产生评价指标，从而消除以往对 GDP 类经济指标过度重视的现象。具体来说，应从以下四点进行改革。

第一，官员评价体系中应当包含官员在任职期间借入的负债情况，将其作为一项评价指标，并且增加其所占比重。官员政绩的调查范畴应当包括借贷规模、担保、还款以及资金使用情况，把调查结果当作评价的依据。各级政府在运用借入资金时应强化问责制度，不仅要负责负债的偿还，而且要明确投资决策以及项目的监管责任。

第二，建立地方政府的负债监管奖罚制度。对那些监管程度低、缺乏项目论证以及论证不够从而导致债务偿还困难的部门，应当视情节轻重对其进行相关处理，轻者列入黑名单，重者则应让其承担相应的法律责任；而对那些有效率、管理好、有能力偿还负债的部门，应当给予相应的奖励，以便使其能够发挥其主观能动性，更加及时、全面地开展工作。

第三，因为存在官员的任职期限和负债偿还期限上的差距，很多负债到期时已不是由当届政府来偿还，这样就会使官员产生一种借款不需还的心理，从而进行很多的借债活动追求政治表现。对于这样的情况，应该明确追究责任人的责任，不管当初借债的官员是否仍在任职，都必须对自己在任时的债务进行偿还，明确了债务偿还的责任，也就避免了官员滥用职权进行大量的借债活动。

第四，为了构建服务型政府，应当对社会的安全保障、居民的收入情况、公共物品的数量、失业情况、重大事故的发生等情况予以考量，将其相关指标以不同比例纳入各级官员的评估范畴，构建起政府公共服务质量评估体系，促进政府职能的转变，逐步向为社会提供更多基础服务和公共设施的服务型政府过渡。

**（六）构建专业的政府债务管理机构**

目前，中国尚未构建起专业的政府负债管理机构，这也部分降低了地方政府对相关负债数量和风险的控制力。即使当前已经有某些地方政府建立了负债监管部门，但还远远没有建立一个完整、专业的负债管理体系。我们应当构建起一个统一的、在各个地区都设有分支机构或部门的负债监管机构，这样才能相对实现对地方负债的全面性、综合性监管。这个机构既可以设于财政部之内，也可以成为一个由财政部授权但独立于财政部又与其存在密切联系的负债监管机构。该负债监管机构应当履行以下两点职责。

第一，对于举债项目的审核与批准必须十分严格。地方政府如果要借款，必须向负债监管部门递交借款申请，并详细解释结款数量、借款资金的使用、财政收支的计划以及要达成的预期目标等。以上种种符合要求，经由负债监管机构批准才能进行借款活动。不仅如此，在批准地方政府借款之后，负债管理机构应当进行实地考察，检查借款资金的使用情况是否如其申请所述，建立专项资金专用账户，消除用于其他目的的任意、过度借款和挪用借款资金的行为。

第二，构建和完善债务偿还保护制度。一方面，根据债务偿还资金的来源，应当采取不同的还款计划。如果偿还资金来源于经营收入，负债监管部门应当仔细计算预期收入，保证偿还资金的稳定性。如果偿还资金来源于财政收入，负债监管部门要做好监督工作，保证相关人员确已将相应的偿还资金纳入预算中并且得到了及时的划拨。如果偿还资金来源于土地租金，负债监管部门必须保证关于土地的租赁以及其后续的开发和使用都是合法合规的。如果遭遇突发情况，资金不能顺利到位，负责监管部门应当及时改变偿还计划，同时保证偿还资金的来源是安全且稳定的。另一方面，构建负债偿还准备金机制。构建负债偿还准备金不仅有利于维持政府信誉、维护政府形象，而且有利于保证政府财政收支的可持续性。负债监管部门应当按照借款对象的具体情况来规划年度负债偿还准备金的金额，至少也要确保当年还债所需准备金的金额。此外，负债偿还准备金不能与其他类别的准备金共同管理，需要建立专用账户，由负债监管部门实施监督管理。

### （七）构建有效的地方债务信息披露体系

自 2009 年中国第一次发布与国家预算和决算相关的数据以来，

中央积极推进政府信息披露体制改革，力求构建有效的地方负债信息披露体系。新《中华人民共和国预算法》于2015年生效，它第一次明确规定政府应把自己的财政预算向公众披露，并且清晰界定了预算由谁披露、何时披露以及应披露的内容，这项规则的实施促进了中国政府对负债披露规定的向前发展。

然而，从到2018年为止公开的数据来看，政府所公开的数据依旧不够细化。按照国际上的信息披露经验，建立完整、透明的政府负债信息公开制度能够使得政府负债监管更加规范有序。当前中国的地方政府负债还存在一些不妥之处，比如说负债的性质及规模都不明确。在这样的情况下，构建有效的地方负债信息披露体系既有助于规避财政风险、控制负债数量，也对负债监管机构能够行之有效地监管政府借债行为有好处。

中国当前的政府会计体制实行的是实收实付制，也称收付实现制，即会计上将实际收款数量核算为当期的收入，将实际付款数量核算为当期的费用。针对超过一个年度的负债资金，实收实付制并不能达到地方政府对所有的负债信息都实现公开的要求。因此在当前实行的实收实付制会计制度中，政府每年所出具的财务报告不能反映出各种隐藏的债务，也就不能体现出政府实际进行的经济活动，这样就会促使地方政府私下借债而并不会在财务报告中体现出来，从而给监管造成不便。所以，要构建有效的地方负债信息披露系统就必须改革当前的政府会计体制。

早在2010年，国务院就已经发布了《国务院关于加强地方政府融资平台公司管理有关问题的通知》。在该项条例中，政府提出改革当前的负债会计体制，逐渐采用应收应付制来代替实收实付制。应收应付制，也称权责发生制，即将已经在当期实现的收入核算为当期收入，将已经在当期发生的费用核算为当期费用，应收应付制能真正体现当期收入和当期费用的应计部分，这样就能将政府的真实经济活动记录在同一个会计期间内，不仅有利于负债监管机构对政府行为的监管，而且为政府能够更好地接受大众的监督提供便利。

### （八）构建地方负债风险警示制度

目前在国际上最常用的规避财政风险、控制负债数量的方法就是构建地方负债风险警示制度，包括美国俄亥俄州的负债预警模型以及哥伦比亚的“红绿灯”负债警示体系等。地方负债风险警示是指对所搜集的负债数据进行分析，从定量和定性两个角度展开研究，确定负债所面临的风险，并且评估风险产生的可能性，预测未来的风险趋势。在党召开的十八届三中全会上，中央针对当前地方政府负债数量过大的问题提出解决措施，也就是构建中央和地方负债风险警示机制。这也表明地方负债风险警示制度得到了中央层面的高度肯定。负债风险警示制度可以实时发现负债的风险，按照警示风险等级处理并解决相关的负债风险问题。具体而言，地方政府负债风险警示制度可以分为以下几步来完成。

首先，尽最大努力汇集更多的有关信息并进行甄别筛选。风险警示是建立在大量的信息数据上的，获取的有关信息越多，包含的范围越广，体现出来的情况就越真实、越有效。随后让专家分析甄别全部信息，在此过程中甄别出相对真实有效的信息。

其次，应当选择恰当的警示指标。为了使警示指标更具有代表性，它的选取必须进行多次比较和筛选。当前在国际上最常用的负债风险警示指标主要分为两项：显性负责评估指标和隐性负债评估指标。这其中的负债率、负债指数、负债逾期率、偿还率等属于显性负债评估指标，而社会保障缺口负债程度、社会保障损失负债程度以及灾害补贴负担率、非常负债率等属于隐性负债评估指标。

再次，选用适当的警示办法。警示制度是否有效直接取决于警示办法是否适当。因此，选取适当的警示办法异常重要。当前中国专家使用最多的警示办法当属 BP 神经网络分析法。这是由于中国的地方政府负债大多是非线性的，数据的分布并不规则，而这一点并不妨碍使用 BP 神经网络分析法，而且该分析方法的参数大多都是可以调整的，对中国非线性的数据非常适用，相比其他办法优势更大。但 BP 神经网络分析法也存在不足，那就是它的算法并不多样。

又次，明确每个警示指标的界限。这一步指的是地方政府负债风险水平的分类，一般将介于最大值与最小值之间的风险按照不同的程度划分为几个等级，并运用生动的信号来表示风险的程度。比如用“蓝卡”表示程度较低的风险，用“绿卡”表示程度一般的风险，用“黄卡”表示程度较高的风险，用“红卡”表示程度很高的风险。每个警示指标的界限都不是随机确定的，而是由专业人员仔细调查该地区的特点之后决定的。

最后，发生报警，尽可能降低警示的风险。前四步的措施都是针对最后一步进行的，为了使实际的风险情况自动与警示指标的界限相匹配，需要建立风险警示系统，用来确定实际的风险已到达哪一层次，据此实施对应的举措来尽可能地降低风险。

### （九）逐步推动地方政府债券市场的发展

与中国经济的快速发展相伴随的是地方政府的财政支出在很长一段时间内一直处于上升态势，单纯靠地方政府的税收资金难以弥补持续扩大的财政收支差额。在此情形下，地方政府筹集资金应该转向发行政府债券的方式。很多西方发达国家都十分注重发展地方政府债券市场。且实践证明，相比税收来说，政府债券显然表现出了巨大的优势，特别是在地方政府承担着大量负债的时候，发行债券的优势将会体现得淋漓尽致。自中国于 2009 年恢复使用地方政府债券以后，其发展快速并在短时间内由财政部代办转为地方政府掌握发债自主权，可以发现，无论中央还是地方都在尽力促进政府债券市场的成长。然而想要推动债券市场稳健地发展并非易事，应当从以下两方面出发。

第一，应当使地方政府的信用评级制度更加完善。信用评级，也就是按照收集到的相关信息与数据，由从事信用评级的机构将借款人是否能够偿还本金和利息以及其面临的风险用一个简洁而明确的符号来表达。从西方发展债券市场的经验来看，发债的关键一步就是信用评级，完整有效的信用评级比政府直接干涉市场更能有效地规范和监督债券的发行过程。受中国的基本国情和债券市场发展的制约，信用评级的发展速度并不乐观。不可否认的是，信用评级没有受到应有的关注度。最近几年，社会信用机制建设越来越成为一项关键任务，债券市场也在不断发展，债券种类不断增加，业务范围不断扩大，信用评级终于走上了全新的发展道路。特别是2009年地方政府债券得以发行以后，政府有关部门一直强调在地方构建信用评级机制的重要性，更在各种文件和场合中突出强调要制定并建立政府债券防火墙。完善地方政府的信用评级制度有利于促使地方政府公开财政信息，使其财政收支情况为公众所知晓，同时能够促进债券市场的运行，遏制地方政府的盲目借款。

第二，为地方政府债券的应用实施保险制度。简单来说，就是为债券上保险，由发行债券的人为债券投保，如果发行债券的人到期无力偿还本金和利息，保险公司将会替其偿还所有的负债。对中国来说，实施这种债券保险制度有很大的益处。这是由于中国的地方政府并非为了投机而发行债券，而是为了加强基础设施建设而发行债券。而这些公共产品的建设通常持续时间较长且没什么利润可得，因此往往使投资者缺乏信心，此时若有保险公司来担保和升级债券，会大大增加投资者的信心。因为保险公司自身的信用评级就很高，对投资者而言，购买上过保险的债券与购买一份保险的效用是相同的。这无疑会使地方政府的筹资成本大大减少。除此之外，投资者购买了这种债券之后，就不需将他们的精力投入每一种债券，只要将保险公司看牢即可。如此既能给投资者提供极大的便利，又能帮投资者规避损失，使投资者的利益得到保障。另外，保险公司的特有属性使其在接受投保申请时，会深入考察当地政府实际的财务情况，从而确定一个合理的保费水平。保险公司在进行深入考察的同时节省了债券监管机构的成本，也使债券的监管更加完整、有效。

# 第九章
# 欧元国际化和欧债危机对中国的启示

从欧洲主权债务危机爆发至今已经过去了九年多的时间，但欧债危机仍然没有得到根本性治理。欧债危机不但对欧元区国家的经济和政治产生了巨大的冲击，而且对世界经济、政治都产生了深远的影响。欧债危机暴露出了欧元、欧洲央行、欧元区国家和欧盟等的很多缺陷，这些都对中国当前的经济建设、参与区域金融货币合作、推进人民币国际化进程等具有重要的启示。

## 第一节　欧债危机对欧元区的影响

### 一　欧债危机对欧元区经济的冲击

欧债危机爆发后，对欧洲经济造成了沉重的打击，例如，延缓了欧洲经济的复苏，提高了欧元区国家的失业率，增加了政府的债务负担。从表 9 - 1 的数据可以看出，2009 年欧债危机爆发后，欧元区的 GDP 增长率与世界 GDP 平均增长率相比一直存在较大的差距，虽然同样受到了 2008 年美国金融危机的影响，但是世界平均 GDP 增长率从 2010 年以后就一直达到了 3% 以上，经济复苏较快。而对于欧元区来说，2009 年、2012 年、2013 年欧元区的经济增长率都是负值，除了 2010 年和 2015 年以外，其余年份都处于 2% 以下，明显落后于同期世界平均 GDP 增长率。由此可见，欧债危机阻碍了欧元区的经济复苏，而且这种影响一直到 2016 年都未能消散。

2009 年以后，欧元区国家的政府债务规模一直都居高不下。由表9 - 2 可以看出，不但是希腊、爱尔兰、葡萄牙、意大利、西班牙的政府债务规模较危机爆发的 2009 年不断攀升，即使是德国和法国这种欧元区经济强国，2009 年以后的政府债务规模也有所增加。政府债务规模的增加，给欧元区国家政府带来了沉重的负担。从这点也可以看出，欧债危机问题还远远没有解决。

**表 9－1　2009～2016 年欧元区和世界平均 GDP 增长率**

单位：%

| 年份 | 欧元区 | 世界平均 |
|---|---|---|
| 2009 | -4.5 | -0.1 |
| 2010 | 2.1 | 5.4 |
| 2011 | 1.5 | 4.2 |
| 2012 | -0.9 | 3.5 |
| 2013 | -0.3 | 3.4 |
| 2014 | 1.2 | 3.5 |
| 2015 | 2.0 | 3.4 |
| 2016 | 1.7 | 3.1 |

资料来源：International Monetary Fund: World Economic Outlook Database, April 2017。

**表 9－2　2009～2016 年部分欧元区国家政府总债务规模**

单位：10 亿欧元

| 年份 | 德国 | 法国 | 希腊 | 爱尔兰 | 意大利 | 葡萄牙 | 西班牙 |
|---|---|---|---|---|---|---|---|
| 2009 | 1785.5 | 1530.7 | 301.1 | 104.7 | 1770.0 | 146.7 | 568.7 |
| 2010 | 2088.7 | 1631.7 | 330.6 | 144.2 | 1851.5 | 173.1 | 649.3 |
| 2011 | 2128.1 | 1753.7 | 356.3 | 189.7 | 1907.8 | 196.2 | 743.5 |
| 2012 | 2204.5 | 1868.3 | 305.1 | 210.0 | 1989.9 | 212.6 | 890.7 |
| 2013 | 2189.2 | 1952.7 | 321.5 | 215.3 | 2070.0 | 219.7 | 978.3 |
| 2014 | 2188.7 | 2038.2 | 322.0 | 203.3 | 2137.1 | 226.0 | 1040.9 |
| 2015 | 2157.9 | 2097.4 | 315.1 | 201.1 | 2172.7 | 231.6 | 1073.2 |
| 2016 | 2119.2 | 2151.3 | 318.3 | 202.8 | 2217.7 | 241.1 | 1105.6 |

资料来源：International Monetary Fund: World Economic Outlook Database, April 2017。

经济的长期持续低迷导致欧元区2009年以后失业率始终维持在高位。从表9－3可以看出，2009年以后欧元区的年失业率一直在10%以上，远高于同期世界平均的失业率6.6%。失业率维持在高位，一方面显示出欧债危机对欧元区国家经济的冲击巨大，另一方面也给欧元区国家民众生活带来了影响，进而引发了一系列社会问题。

**表9－3　2009～2016年欧元区年失业率**

单位：%

| 年份 | 欧元区 | 年份 | 欧元区 |
|---|---|---|---|
| 2009 | 9.7 | 2013 | 12.0 |
| 2010 | 10.2 | 2014 | 11.6 |
| 2011 | 10.2 | 2015 | 10.9 |
| 2012 | 11.4 | 2016 | 10.0 |

资料来源：International Monetary Fund：World Economic Outlook Database，October 2017。

## 二　欧债危机逼迫欧元区国家进行财政政策的调整

欧债危机爆发的直接原因就是欧元区国家政府采取凯恩斯的扩张性财政政策，通过不断举债来维系经济发展和社会平衡，但是这种持续增加的政府债务具有巨大的风险，一旦受到外部冲击，比如2008年美国次贷危机的冲击，就会导致经济实力较弱的欧元区国家政府无力清偿债务，进而引发债务危机。欧元区国家已经意识到持续实施扩张性的财政政策对其有害无益。在这种情况下，“扩张性财政约束假说”引起人们的关注。该假说认为，当债务负担过高，政府面临无法偿还的风险时，实施财政紧缩政策可以增加人们对经济的信心，进而推动私人投资，带动经济增长。这样就可以用财政政策解决高债务和低增长这两个问题。

传统的扩张性财政政策是依赖政府促进经济增长，而扩张性财政约束假说则认为应该依靠私人部门和市场的力量来拉动经济增长。对于欧元区国家来说，由于采取统一的货币政策，各国不能灵活运用货币政策，在债务危机爆发后，像美国、日本等国家采用货币贬值的方式抵销债务的方法不能使用。而且，欧元区国家也不能通过降低利率的方式来刺激经济增长。扩张性的财政政策对欧元区国家的效力不大，事实也证明了这点。因此，紧缩性的财政约束政策就是欧元区国家面临的最好的选择，即使会面临暂时的失业率上升、经济增长放缓等问题，但是从长远的角度来说，这是欧元区国家必须要做的选择。从 2010 年开始，欧元区很多国家已经开始进行财政紧缩，希望借此来提振市场信心，促进私人部门的发展，减轻政府的债务负担，进而拉动经济增长。但是这种政策的效力从目前来看还不太明显，欧元区国家的经济复苏还是一个漫长的过程。

## 三 欧债危机逼迫欧元区加强了经济治理制度建设

本次欧债危机暴露出了欧元区在经济治理制度方面存在很多缺陷，欧元区在制度设计上还仅仅是个货币联盟，而不是经济联盟。欧洲央行实施的单一货币政策也只是统一了汇率，距离经济一体化还很遥远。为了治理不断蔓延的债务危机，欧元区从多方面加强了经济治理制度的建设。一是强化了政治协调机制。欧元区内缺乏相应的政治协调机制，这也是希腊债务危机爆发后，欧元区救助不及时的主要原因之一。为此，在欧债危机爆发后，为了更有效地应对危机，欧盟首脑会议决定设立欧元区主席，并由欧盟理事会主席兼任，主要进行会议的召集和主持工作。二是设立救助机制。在欧元区刚成立的时候，为了避免成员国的道德风险问题，并没有设立救助机制，只是用《稳定与增长公约》来对成员国进行约束，但是由于约束力较弱，没有达到当初的预期效果。希腊债务危机爆发后，由于缺乏救助机制，延误了对希腊的救助，导致债务危机蔓延到了整个欧元区国家，且越演越烈。为此，2012 年 3 月，欧元区设立了欧洲稳定机制，来对今后的危机进行救助。三是欧洲央行正逐渐变为“最后的贷款人”。欧洲央行是个超主权的中央银行，其作用是保持整个欧元区的货币稳定，防止通货膨胀。欧洲央行并不对各国政府债务负责，在其设立之初并不承担最后贷款人的角色。希腊债务危机爆发后，由于欧洲央行不对其承担最后贷款人的角色，市场对希腊丧失了信心，引起了恐慌情绪，债务危机不断恶化，并蔓延到了其他欧元区国家。为此，欧洲央行为了稳定市场的情绪，先是从二级市场购买债券，又向欧洲银行业注入了大量的流动性，这些措施对于治理欧债危机起到了很好的作用，同时，也表明欧洲央行正向最后贷款人的角色进行转变。四是推出了财政公约。由于《马斯特里赫特条约》的约束力不足，很多欧元区国家都超出了其规定的政府债务上限，政府债务负担严重，这也是导致欧债危机的直接原因。为了加强对成员国的约束力度，欧盟国家共同推出了《欧洲经济货币联盟稳定、协调与治理公约》，加强对各国财政预算和财政赤字的约束，并将对违约行为做出严厉惩罚。五是设立单一监管制度。欧元区是个松散的货币联盟，各国对金融机构监管的力度存在较大差异，对金融机构的监管不足导致欧元区国家没有意识到债务危机爆发的危险和危害。欧债危机爆发后，欧盟意识到了缺乏有效金融监管的危害，决定设立单一监管机制

(SSM)。该监管机制的原则有如下几个方面：一是监管决策与货币政策明确分离；二是要通过适当、可信的渠道进行监管；三是要在欧元系统内分散任务；四是要构建有效的监管框架；五是与单一市场框架完全吻合。

## 四　欧债危机导致欧洲社会动荡

受欧债危机的影响，欧元区国家连续多年经济增长乏力，失业率维持在高位，这使得欧元区国家的人民生活受到了很大的影响。加上对债务危机救治不力，欧元危机、银行危机、债务危机等等相互交缠，很多民众对欧元区的前景产生了迷茫，悲观情绪蔓延。暴力控诉、抗议风潮、占领运动、罢工活动等社会抗议活动此起彼伏，蔓延到了欧盟所有的国家。抗议活动从开始的“反紧缩、反削减、要工作”等经济要求转变到了“反对两大政党联盟”“实施真正的民主”等政治诉求，从中也可以看出欧洲民众对于现行政治体制的不满。在这种社会压力下，欧元区国家的政局出现动荡，希腊、意大利、爱尔兰、葡萄牙、西班牙五国的领导人纷纷宣布辞职，进行了政权的更迭。

同时，民众悲观情绪的蔓延，导致疑欧主义、排外主义和反全球化等各种民粹主义极端思潮开始活跃。部分欧洲民众认为欧洲国家在经济全球化过程中受害了，一些国家的贸易保护主义抬头。欧洲社会对外来文化的包容度开始下降，对种族平等主义开始产生质疑，排外事件屡屡发生。法国强制驱逐罗姆人，瑞士禁止修建清真寺宣礼塔，德、法等国收紧移民法，德、英、意等国的“移民威胁论”抬头，“挪威大血案”更是震惊世界。这些都造成了欧洲国家的社会动荡。同时，欧洲民众对欧洲一体化也产生了质疑，疑欧情绪不断升温。皮尤研究中心的调查报告显示，不到

50%的欧洲民众认为欧洲一体化会对本国经济产生积极影响（林蔚，2013）。

欧债危机导致的社会动荡削弱了市场对欧元区国家的信心，使欧债危机治理难度增加。同时，民众对于欧洲一体化的质疑，增加了欧洲一体化进程的复杂程度，导致其必然是个漫长而曲折的过程。

## 第二节　欧债危机暴露出的问题

欧债危机的爆发和蔓延暴露出了欧元、欧洲央行和欧元区国家等的一系列问题。

### 一　欧元天生的缺陷

欧元作为一种区域货币，一种超主权货币，从其诞生之日起就存在一些内在的缺陷。首先，欧元缺乏稳定的经济基础。货币的实力取决于其流通范围内的经济基础，经济基础越扎实，货币的信用就越高。欧元区区域经济一体化的发展高度尚达不到一个国家的经济一体化的标准，区内各国经济发展不平衡，这意味着至少从稳定性的角度看，欧元的经济基础弱于美元和日元。其次，欧元缺乏稳定的政治基础。欧元区由19个不同民族和文化的分散国家构成，与主权国家相比，缺乏凝聚力和向心力。除非实现政治上的统一，将联盟变成联邦，否则，欧元区的长期稳定性是很难得到保证的。内外部的经济冲击都可能对欧元的政治基础造成威胁，尤其是在经济困难时期，欧元区的离心力会加大。最后，欧元区缺乏稳定的制度架构。欧元作为区域货币，在货币发行权上天然是超主权的，但欧元区的财政权属于主权范畴。这样，欧元区的制度架构中非常重要的一点就是货币权与财政权的分离。欧元发行权归属超国家的组织——欧洲中央银行，而财政权仍然保留在各成员国政府手中。显然，这种制度架构带有内在的不稳定性。即当成员国经济遭遇冲击时，为维护经济稳定，政府财政向市场注资是必不可少的。在无货币发行权的条件下，其后果只能是主权债务的机制性持续累积。如果欧洲央行不救助（实际上这也是欧盟在欧债危机前确立的原则），那么主权债务危机的爆发就是早晚的事情。如果欧洲央行对危机国进行救助，那么道德风险就不可避免，救助就会成为对成员国违反欧盟财政纪律的一种另类激励。也就是说，对危机国不救助，很可能导致欧元区解体；对危机国进行救助，则意味着违反财政纪律的风险可以转嫁给遵守财政纪律的成员，其长期后果仍然是欧元区解体。

## 二　欧元区国家经济发展不平衡

一个好的货币一体化区域要求区内各国家经济发展水平相近，这样才能协调发展。但欧元区国家间经济水平差距较大，既有德国这样的世界经济强国，也有希腊这样以农业为主的经济弱国。意大利、葡萄牙、西班牙和希腊等国家的支柱产业主要是劳动密集型产业，产业结构单一，经济结构缺陷明显，抵御外部冲击的能力很差。2008 年金融危机重创了这些国家的经济，最终导致这些国家爆发了主权债务危机。而且欧盟统一市场的根本目的是降低生产成本，消除欧盟内部的贸易壁垒，提升欧盟国家产品的竞争力。但是这种共同的市场制度却使欧盟内部的经济强国越强、经济弱国越弱了。希腊、西班牙、葡萄牙等经济弱国的产业竞争力与德国、法国等经济强国的产业竞争力差距很大，这些国家长期处于产业链的低端，经济增长的拉动力不足，对外依赖程度高。弱国的经济增长乏力也导致整个欧元区经济表现一直不佳，即使在欧债危机爆发前，欧元区国家也一度陷入了结构性的低增长和高失业长期并存的困境。长期的经济增长停滞，严重削弱了部分欧元区国家的政府财政收入能力，增加了他们的债务负担。欧元区是建立在最优货币区理论基础上的，而最优货币区理论要求区内国家经济发展水平基本相同。因此，欧元区国家经济发展的不平衡，必然给欧元区的健康发展带来隐患。欧债危机的爆发，只是把这一矛盾凸显出来了。欧元区国家的经济发展水平根本不可能在短期内达到同一水平，这也从根本上导致欧债危机难以在短期内从根本上得到解决。

### 三　欧洲央行的制度缺陷

对于一个国家来说，财政政策和货币政策是密不可分、缺一不可的。一个国家要想实现经济的内外均衡，就需要统一的财政政策与货币政策相配合。但欧元区成立后，区内各国的货币政策统一由欧洲中央银行制定，各国只有财政政策的主导权。在货币政策一体化的背景下，一些欧元区国家产生了债务错觉，认为自己出现问题，其他国家会对其进行救助，在这种心理的驱使下，更加肆无忌惮地举债消费，致使债务负担越来越重。对一般的国家来说，当财政赤字过高时，可以采取货币政策进行缓解，但是欧元区国家丧失了这种能力。面对各自不同的经济情况，在固定的货币政策、固定的汇率制度下，仅靠财政政策很多欧元区国家很难完成自己的宏观调控目标。尤其对于希腊等经济弱国来说，受金融危机的冲击，财政收入不断减少，而社会福利支出又是刚性的，因此，只能通过发新债还旧债的方式来勉强维持，致使政府债务负担不断加重，最终爆发了欧债危机。而且欧洲央行在制定货币政策时是从整个欧元区考虑的，不对单个国家负责，因此也就缺乏了灵活性。面对个别国家发生的债务危机时反应迟滞，抑制了债务危机爆发国的经济政策宏观调控能力，致使危机不断蔓延。像意大利这样的经济强国，即使失去了利率和汇率两大调控工具，不能通过货币政策调控来降低债务率，通过提升本国产品的国际竞争力，完全可以免受债务危机的困扰。而像希腊这样的国家，一方面没有运用货币政策的权力，另一方面政府负债严重，信用丧失，无法继续举债度日，能运用的财政政策手段很少，丧失了货币政策之后，根本不能独自解决债务危机问题，致使债务危机越演越烈，最终蔓延到了整个欧元区，希腊主权债务危机演变成了欧债危机。尽管欧元区国家的整体财政状况并不是很差，但是财政政策与货币政策的不匹配却使欧元区多个国家深陷债务危机的泥沼。同时，欧洲央行没有承担起“最后贷款人的角色”，也导致在债务危机爆发后，市场对希腊等国缺乏信心，恐慌情绪蔓延，资金大量出逃，使得危机越演越烈。后来，欧洲央行实施了一些政策为市场注入流动性，扮演了“准最后贷款人的角色”，才使得欧债危机得到了缓和。

## 四　福利长期超载

从20世纪50年代开始，欧洲一些国家就建立起了包括免费医疗保健、高额养老金、长期失业救济等在内的一整套高福利社会保障体系。随着欧洲一体化进程的加速，经济相对落后的希腊等国也先后采用了这种高福利的政策。一个国家能享受怎样的福利待遇是由其经济实力和财政支出能力决定的，社会的福利供给水平应该与经济发展水平相协调。若一味地提高社会福利支出，超出了国家的经济实力承受范围，造成了福利超载，不但会使这种福利政策难以为继，也会削弱国家的竞争力，制约经济发展，使经济陷入恶性循环。在欧元区国家的代议民主体制内，竞选时各党派为了符合民意，拉得更多的选票，都竞相提出增加社会福利的承诺。在经济态势良好，政府财政收入充足的情况下，政府还能够承担高社会福利支出。但是，欧元区的一些国家经济基础薄弱，一个国家的高福利政策若与经济发展水平不相匹配，就会对其经济发展造成危害。首先，高福利政策制约了投资能力。一个国家若想长期维持高福利政策，必须要保持经济的持续增长，而增加投资，使资本更多地进入生产领域，是促进经济增长的必然选择。但欧元区的国家中大多数是高消费低储蓄的，这种高消费低储蓄的模式制约了这些国家的投资热情，实体经济获得的投资不足，不能推动经济的持续增长。其次，高赋税降低了经济增长的活力。欧元区国家为了维持高社会福利水平，就需要不断增加政府的财政收入，而政府财政收入的主要来源是税收，因此，很多欧元区国家一直维持着很高的赋税水平。但是高赋税增加了企业的运营成本，使一些企业迁移到了其他国家，这就降低了该国的就业水平和经济增长水平。最后，高福利政策限制政府的融资能力。若一个国家的经济发展水平与高福利政策不匹配，政府的收入不足以支付高福利支出，像希腊、葡萄牙等国，他们的政府将不得不继续举债，长期的借债导致这些国家的信誉度下降，政府丧失了国际融资的能力，这又进一步阻碍了其经济的增长。

## 五　金融监管不力

欧元区虽然建立了欧洲中央银行，但是欧洲央行的职能只是制定和实施统一的货币政策，而不能进行金融监管。欧元区也一直没有一个统一的金融监管机构，欧盟也仅是构建了金融监管的框架，金融监管的权力都是分散在各个成员国的金融监管机构中的。各个国家的经济发展情况不同，他们都是为了各自国家的利益采取相应的金融监管措施，在整个欧元区内并不统一协调。而且欧盟的相关监管法律还很宽松，缺乏对他们的制约。欧元区的金融监管整体非常宽松，吸引了大量资本从监管严格的区域流到了欧元区，但是这些资本大多数都没有进入实体经济，而是进入了影子银行体系，促使了虚拟经济的膨胀。金融业的过度扩张和金融监管的缺失，也是引发欧债危机的直接原因。由于欧元区国家的银行政策都是掌握在各个主权国家手里，在制定各种政策特别是制定银行监管政策时，欧元区各国经济民族主义盛行，各自为政，这导致各国的投融资政策不统一，银行监管政策不协调配合。银行在国民经济中的地位突出，银行政策对于稳定金融市场也有很大的作用。但银行政策的不协调，进一步降低了欧元区国家的金融监管效果。欧元区国家对银行业风险的监管失误，使银行出现大量呆账、坏账，导致欧债危机进一步失控。

## 六　救助机制缺失

欧债危机的爆发和蔓延与欧盟、欧元区国家对债务危机的救助机制缺失密切相关，欧元区国家对危机的救助机制存在以下几个方面的缺失和不足。一是欧洲央行没有承担最后的贷款人角色，不能通过降息、购买债券、提供流动性等手段有效发挥稳定金融市场的作用，造成了在爆发债务危机后，投资者认为债务风险要由自己分担，形成了市场恐慌，加剧了危机的蔓延和恶化。二是欧元区仅是一个货币联盟，区内各个国家在政治上彼此独立，在制定政策时都要以维护本国利益为主，导致在希腊主权债务危机爆发后，欧盟和欧元区国家都一再犹豫，迟迟没有给希腊以及时的援助，错过了最佳的救助时期，使希腊的债务危机问题严重恶化（谢世清、马海方，2016）。三是欧元区国家救助债务危机的机制不健全，在本质上还是国家间的救助。受金融危机的冲击，欧元区国家大多数在希腊债务危机爆发的时候政府财政都不健康，都存在多多少少的债务问题，使得这些国家没有更大的能力去救助希腊。即使像德国等国家经济健康，实力强大，但是为了维护自身的利益，也不愿意大力去救助希腊。这些就导致希腊债务危机救助的失力。

## 第三节　欧债危机对中国的启示

如上文所述，欧债危机的爆发，暴露出了欧元区方方面面的问题，也正是这些问题导致了欧债危机对欧洲经济社会产生了巨大的冲击。当前，我国的地方债务问题较为严重，是否能够有效解决地方政府的债务问题，已经成为影响我国经济运行的一个重要问题。虽然，欧洲主权债务和我国的地方债务存在很大的差异，但是在对债务的监管、防范和治理等方面，对我国还是有很多启示的。尤其是当前我国大力推进人民币国际化进程，这也与欧元存在一些相似之处。因此，我国应借鉴欧债危机的经验和教训，加强我国地方债务的治理，控制好人民币国际化的进程，最终保证我国经济的持续健康发展。

### 一　区域货币金融合作应审慎开展

1997 年亚洲金融危机之后，中国就积极参与推进了各种区域金融货币合作活动，比如东亚金融合作、亚投行的建立、创建亚元的设想等。但是欧债危机的爆发，使我们意识到了区域金融货币合作存在的危险。欧元区国家由于历史和地域的原因，在经济和文化上都不存在太大的差异，大多数国家经济基础都很好。而且欧元区在设立之初也经过了长期的准备，制定了各种详细的制度准则。但是，即使具备这么多良好的条件，欧元区成立后也面临着各种各样的问题，最终还爆发了欧债危机。因此，中国在参与区域金融货币合作的过程中，不应该急功近利，而是应该审慎进行。针对欧债危机暴露出的欧元区的问题，中国在参与区域金融货币合作的过程中应重点注意以下几个方面的问题。一是要加强政治互信和经济合作。欧债危机爆发和蔓延的主要原因就是欧元区只是一个货币联盟，各个主权国家在政治上合作不足，这样就导致希腊债务危机爆发后救治的不及时和救助措施的不力。一个区域的金融货币合作，首要的条件就是区内各国要在政治上彼此信任，这样才能给区域合作奠定稳定的基础。而中国要参与的区域金融合作多是在东亚和亚太地区，政治局势复杂，日本、韩国及东南亚各国与中国的政治关系都不稳定。因此，当前中国应先与区域内国家加强政治合作，等政治关系稳定后再把区域金融货币活动向深度和广度推进。二是应完善救助机制和金融预警机制。在进行金融货币区域合作之前，应先防患于未然，先建立完善的救助机制和金融预警机制。欧债危机的爆发和蔓延也使得我们意识到了这点。无论是东亚金融合作还是亚投行的运转，都应该把防范危机放在首要位置。在欧元区成立之初，各成员国都承诺遵守《马斯特里赫特条约》，但是由于监督约束机制不健全，希腊等国家严重超过了其规定的标准也没有引起重视，导致了欧债危机的爆发。当前中国参与的东亚金融合作的危机预警机制主要是“ASEAN +3 预警机制”，但该机制也较为松散，不能起到太大的作用。当前，东亚金融合作的危机救助机制主要是东亚外汇储备基金和双边货币互换协议，这两种机制都存在缺陷，面对危机并不能发挥很好的效力。因此，中国应进一步推进金融合作区域的预警和救助机制建设。三是暂缓单一货币联盟的建立。欧元建立以后，一些学者和机构看到了欧元设立后给欧元区带来的减少交易成本、促进资源要素流动、减少贸易壁垒、推动区域经济发展等一系列好处，所以建议成立东亚货币联盟，这也得到了多国政府的支持。但是货币联盟的建立需要各国政府具有高水平的经济和政治相似度，欧盟国家尚不具备这个条件，更不用说东亚各国了。所以当前建立东亚区域货币联盟根本就不具备条件。中国应保持清醒的头脑，暂缓推进货币联盟的建设。四是促进国家信用评级改革。从欧债危机的演变过程中我们可以看出，惠誉、标准普尔和穆迪三大评级机构一再下调欧元区国家的信用评级，对恶化欧债危机起到了很大的推波助澜作用，而这三大评级机构代表的是美国的意志，反映的是美国的利益，长期以来一直被美国操纵，根本不能体现出公正公平。中国应通过区域金融合作，联合各方面的势力，共同推进国际信用评级机构的改革，争取国际评级机构应该多元化发展，能够代表各国的共同利益，减少国际评级机构的危害。

## 二 应加大对地方债的整治力度

政府债务规模过大，负担过重，是欧债危机爆发的导火索，这也使世界各国意识到了控制政府债务规模的重要性。对于中国来说，政府债务规模相对于巨额的外汇储备来说并不是太大，风险也一直在可控的范围内。经过 1997 年亚洲金融危机和 2008 年世界金融危机的冲击，中国的债务风险依然不高。但是，当前中国地方债问题较为突出，规模巨大。由表 9 - 4 可以看出，2016 年中国大部分地方政府的债务率都很高，近一半达到了200%以上，由此也积累了大量的风险。

**表9-4 2016年中国地方政府债务规模**

单位：亿元，%

| 序号 | 地区 | GDP | 财政收入 | 债务余额 | 负债率 | 债务率 |
|---|---|---|---|---|---|---|
| 1 | 贵州 | 11734.43 | 1561.33 | 8721.07 | 74.32 | 558.57 |
| 2 | 青海 | 2572.49 | 238.40 | 1339.49 | 52.05 | 561.70 |
| 3 | 云南 | 14869.95 | 1812.30 | 6353.20 | 42.73 | 244.71 |
| 4 | 海南 | 4044.51 | 637.50 | 1560.00 | 38.57 | 244.71 |
| 5 | 宁夏 | 3150.06 | 387.60 | 1175.44 | 37.31 | 303.26 |
| 6 | 内蒙古 | 18632.57 | 2016.50 | 5677.36 | 30.47 | 281.55 |
| 7 | 辽宁 | 22037.88 | 2199.30 | 6571.50 | 29.82 | 298.80 |
| 8 | 新疆 | 9617.23 | 1299.00 | 2836.90 | 29.50 | 218.39 |
| 9 | 陕西 | 19165.39 | 1833.93 | 4906.40 | 25.60 | 267.53 |
| 10 | 广西 | 18245.07 | 1556.24 | 4566.63 | 25.03 | 293.44 |
| 11 | 甘肃 | 7152.04 | 786.80 | 1778.50 | 24.87 | 226.04 |
| 12 | 四川 | 32680.50 | 3389.40 | 7812.00 | 23.90 | 230.48 |
| 13 | 安徽 | 24117.87 | 2673.00 | 5320.00 | 22.06 | 199.03 |
| 14 | 湖南 | 31244.68 | 2697.90 | 6753.00 | 21.61 | 250.31 |
| 15 | 江西 | 18364.41 | 2151.50 | 3956.78 | 21.55 | 183.91 |
| 16 | 重庆 | 17558.76 | 2227.90 | 3737.10 | 21.28 | 167.74 |
| 17 | 黑龙江 | 15386.09 | 1148.40 | 3120.00 | 20.28 | 271.68 |
| 18 | 吉林 | 14886.23 | 1263.76 | 2896.07 | 19.45 | 229.16 |
| 19 | 河北 | 31827.86 | 2850.80 | 5691.30 | 17.88 | 199.64 |
| 20 | 山西 | 12928.34 | 1557.00 | 2290.93 | 17.72 | 147.14 |
| 21 | 上海 | 27466.15 | 6406.13 | 4485.50 | 16.33 | 70.02 |
| 22 | 天津 | 17885.39 | 2723.00 | 2913.00 | 16.29 | 106.98 |
| 23 | 湖北 | 32297.91 | 3102.00 | 5103.70 | 15.80 | 164.53 |

续表

| 序号 | 地区 | GDP | 财政收入 | 债务余额 | 负债率 | 债务率 |
|---|---|---|---|---|---|---|
| 24 | 福建 | 28519.15 | 2654.78 | 4487.34 | 15.73 | 169.03 |
| 25 | 浙江 | 46484.98 | 5302.00 | 6994.20 | 15.05 | 131.92 |
| 26 | 北京 | 24899.26 | 5081.30 | 3743.46 | 15.03 | 73.67 |
| 27 | 江苏 | 76086.17 | 8121.20 | 10915.35 | 14.35 | 134.41 |
| 28 | 河南 | 40160.01 | 3153.50 | 5524.90 | 13.76 | 175.20 |
| 29 | 山东 | 67008.19 | 5860.20 | 8493.80 | 12.68 | 144.94 |
| 30 | 广东 | 79512.05 | 10390.33 | 8392.39 | 10.55 | 80.77 |

资料来源：财汇金融大数据终端。

2008年金融危机之后，中国宽松的财政政策导致各地方政府大幅增加地方债规模，借此来拉动经济增长。但由于中国近年来经济增速放缓，经济发展进入了新常态，各地方政府的收入无法清偿债务，多是采取财政赤字的方式在运行，债务风险不断集聚，若不能及时治理，地方债务风险将沿着地方赤字加大→偿债困难→土地财政依赖→地方政府濒临破产→债务风险向上级政府纵向转嫁的路径进行演变（张平、周全林，2017）。因此，中国当前的整治债务问题主要是针对地方债问题。中国首先应进一步完善地方政府的债务管理水平。一是要健全地方债务风险预警机制，定期测算地方政府的偿债率、新增债务率、逾期债务率等指标，确定不同风险等级的明确指标，及时对地方债务风险问题进行预警（赵聚军，2014）。二是要推进地方政府的信用评级和破产机制建设。中国的信用评级机构发展不完善，还存在被地方政府绑架的情况，不能公正客观地反映地方债务的实际情况。中国应加强对信用评级的建设，确保评级机构能够及时客观地对地方债务进行评级，以帮助政府全面了解地方债务的实际情况。而且，中国地方政府对中央过度依赖，中国应尝试建立地方政府破产机制，让地方政府对自己的债务问题负责，从法律上明确地方政府的责任，这也有利于约束地方政府滥发债。其次，中国还应出台措施减少地方债务的存量。一是应促进融资平台公司的转型发展。近年来，一此地方政府为了借债方便，成立了大量的融资平台公司为政府进行融资。中国应该把这些融资平台进行分类，把其中的大部分平台从政府中剥离出去，规定地方政府只能经由政府部门发行债务的方式进行举债，这样就会减轻政府的债务负担（王征洋、曹勇，2017）。二是应该加强与社会资本的合作。中国应该充分调动社会资本的积极性，在国家允许进入的行业应该鼓励社会资本进入，采取 PPP 模式等加强与社会资本的合作，减轻政府的财政负担，但在与社会资本合作的过程中，也要做好监督管理工作，避免出现新的风险。

## 三　财政政策与货币政策应协调运用

财政政策与货币政策是一个国家进行宏观调控的最有力工具，但是若二者不能协调运用、互相配合，其调控效力将大打折扣，发挥不出应有的效果。欧元区成立后，整个欧元区的货币政策由欧洲中央银行统一制定。这就使得希腊、葡萄牙、西班牙等国家丧失了运用货币政策的权力，当他们面对国内经济增长疲软等问题时，单纯依靠财政政策调控，不能达到预期的目标。因此，在对债务危机的治理方面无能为力。这也显示出财政政策与货币政策的协调配合对于一个国家的宏观经济调控具有重要的意义。

2008 年世界金融危机之后，中国经济一直增长乏力，经济发展进入了新常态，面对国内外复杂的经济形势，中国在运用财政政策和货币政策时必须审时度势，互相搭配使用。而且，借鉴欧盟国家近年来采取的紧缩政策，中国也应该意识到，为了提振经济，一味地采取扩张性的财政政策并不一定会取得预期的效果。提振市场的信心、充分利用私人部门的力量，也是复苏经济的良好选择。当前中国为了提振经济，推进供给侧结构改革，构建新的经济结构，应该采取稳健的货币政策和稳健的财政政策来稳定经济发展预期，提振市场的信心，增强改革的动力。

## 四 社会保障政策稳步推进

经济发展的根本目的是提高人民的福祉，随着经济发展水平的提高相应地提高整个社会的社会保障水平也是理所当然的。但是，一个国家的社会保障水平应该与经济承受能力相适应，不能为了提高福利水平而让经济承受不可承受之重。社会福利水平具有刚性特征，一旦提高了就很难降低下来，若一味地提高社会福利水平，把过多的资源用于社会保障体系，经济发展将因为投入不足而丧失活力和动力。这样无疑会使经济发展停滞甚至倒退，使社会保障体系失去了支撑而无法维系，最终导致整个社会福利水平的倒退。希腊、葡萄牙等国家就是很好的例证。虽然改革开放以来，中国的整体经济实力不断增强，但是经济增长质量不佳、贫富差距较大、区域经济发展不平衡、人口老龄化、环境污染严重、外部冲击等问题一直困扰着中国。因此，中国在制定与推行社会保障政策时应该充分考虑到中国的经济、社会发展状况和经济承受能力，有序推进各项政策措施，既要保证人民生活水平的不断提高，还要不使经济承受过大的压力，保证经济持续健康发展。只有先保障了经济的持续健康发展，才能保证社会水平的不断提高。

## 五 进一步加强金融监管和完善危机救助机制

2008 年世界金融危机爆发的源头就是美国对影子银行体系监

管的不足，欧债危机爆发的主要原因之一也是欧元区统一的货币政策和分散的财政政策造成的金融监管不力，这些都给中国以警示，加强金融监管势在必行。2008 年美国次贷危机的爆发使全世界人民意识到了影子银行体系的巨大风险，当前中国金融监管的重点领域也是影子银行体系。2010 年以来，由于房地产等企业的融资需求大量增加，银行资产表内业务无法满足其需求，中国影子银行体系爆发式增长。这导致大量资金流入了影子银行体系，虚拟经济膨胀，实体经济得不到充足的资金投入，为中国经济的发展埋下了隐患。近年来中国经济的持续疲软，银行不良资产的持续增加，都是影子银行体系膨胀的体现。因此，中国应该积极借鉴欧美等国家金融监管的经验教训，结合中国的实际情况，加强对影子银行体系的监管，防范其对经济的冲击破坏，为中国经济的发展营造良好的金融环境。

同时，中国应该进一步完善危机救助机制。本次欧债危机就暴露出由于欧元区的危机救助机制不完善，导致主权债务危机爆发后，救助不及时，错失了最佳的救助时机，使危机蔓延到了整个欧元区。目前，研究中国危机救助机制的文献很少，这也显示出中国当前的危机救助机制也不完善。中国应该借鉴发达国家的经验和教训，建立和完善适合中国实际情况的危机救助机制，稳定市场的预期和信心，防患于未然。

## 六　人民币国际化进程应该有序推进

欧债危机的本质是欧元的危机，是货币危机。正是欧元天生带有的缺陷导致了欧债危机的爆发。这也警醒中国，人民币国际化进程不应该操之过急，在人民币的国际化过程中应该以保障中国的金融安全、货币主权和经济健康发展为前提。近年来，亚投行的设立，人民币纳入 SDR 货币篮子等都加速了人民币国际化的进程，但是中国应该时刻注意货币国际化过程中可能发生的风险。从世界货币的发展史上可以看出，截至目前，只有美元、日元和欧元完成了货币国际化的过程，但是日元和欧元在国际化的过程中都先后出现了问题，都导致了本国或者本地区经济的长期停滞。这一方面是由于日元和欧元本身出现了问题，但更为主要的是因为美国的打压。美国凭借其强大的政治、经济和军事实力，通过“广场协议”强迫日元大幅升值，导致日本经济从此一蹶不振。本次欧债危机背后也有美国的推波助澜。因此，中国在人民币的国际化过程中，应该吸取日元和欧元国际化的经验教训。一方面要稳步推进，不能急功近利，要不断修正人民币国际化的进程，稳扎稳打地解决面临的各种问题，不能为了速度而使人民币国际化进程带有隐患。另一方面，还要防范美、日、欧等国家和地区的打压。由于各种国际货币之间存在竞争关系，人民币必然要面临美元、日元和欧元的打压。因此，中国应该以提升自己的经济实力为后盾，以争取在国际社会上更大的发言权为武器，对其他国家的打压给予坚决的回击。人民币的国际化进程必然是漫长而曲折的，中国应该做好这种预期，将人民币国际化的进程有序地推进下去。

# 参考文献

〔美〕艾伦·格林斯潘，2011，《欧元败在贫富不均》，《金融时报》10月10日。

〔美〕保罗·克鲁格曼，2000，《战略性贸易政策与新国际经济学》，中国人民大学出版社。

北京兰瑞环球投资管理咨询有限公司，2018，《中国土地财政制度演变、问题及对策研究》，《发展研究》第11期。

蔡恩泽，2012，《希腊悬念》，《中国审计报》5月14日。

陈经伟、姜能鹏，2017，《另论欧债危机的深层根源——基于单位产出劳动成本的视角》，《技术经济与管理研究》第5期。

陈浪南、赵旭、罗融，2015，《欧洲主权债务危机对我国经济增长影响的实证研究——基于经济全球化的视角》，《国际金融研究》第2期。

陈思进，2015，《希腊危机为何依然无解？》，《中国经济周刊》第27期。

陈欣，2015，《多元冲突下的欧债危机：根源、演变与应对》，《学习与实践》第10期。

成新轩，2001，《欧元区货币政策的经济效应分析》，《南开学报》第3期。

丁纯、林熠星，2016，《后欧债危机时期欧盟经济社会的表现、原因与前景》，《同济大学学报》（社会科学版）第6期。

丁建臣、林凤萍，2013，《欧债危机“卡米略特之谜”》，《中央财经大学学报》第7期。

杜厚文、刘元春，2002，《论欧元区经济济政策的内部冲突及其对欧元汇率变动趋势的影响》，《经济评论》第1期。

范长风，2017，《欧洲债务危机对中国地方政府债务治理的启示》，《经济研究导刊》第15期。

方琳，2014，《流动性状态转换冲击全球金融稳定——以次贷危机和欧债危机为例》，《时代金融》第4期。

关海霞，2014，《欧债危机和德国应对危机的政策分析》，博士学位论文，北京外国语大学。

郭伟，2015，《威胁到美元霸权是欧债危机爆发的外部原因》，《中国黄金报》2月13日，第6版。

韩永辉、邹建华、王雪，2014，《欧债危机的成因及启示——基于货币一体化的视角》，《对外经贸大学学报》第1期。

何丽芬、许丽娜，2015，《家庭债务对经济增长的影响——来自欧债危机国家的证据》，《江淮论坛》第6期。

胡琨、刘东民，2013《欧债危机下欧盟银行规制与监管体系的转型与创新》，《欧洲研究》第3期。

黄国妍，2009，《最优货币区视角下我国货币政策区域效应研究》，《上海金融》第6期。

黄万阳，2013，《欧债危机对中欧贸易的影响——基于异质面板数据协整模型的实证研究》，《经济学家》第5期。

黄杨，2019，《欧元十年》，《环球财经》第1期。

蒋志平，2014，《中国与欧美金融市场间传染效应的动态演变——基于欧债危机与次贷危机的比较分析》，《管理评论》第8期。

雷达、张月红，2010，《债务危机抑或欧元危机？》，《理论视野》第7期。

李稻葵、吴舒钰、冯明、徐欣，2013，《论欧债危机的最终结局及中国的战略应对》，《经济学动态》第12期。

李昊，2016，《利率市场化给商业银行的主要影响及对策建议》，《智富时代》第11期。

李京阳，2012，《欧债危机对中国的影响及国际货币体系的改革思考》，《财经科学》第3期。

刘亮，2011，《美国次贷危机对欧洲主权债务危机的传导效应研究》，《国际金融》第12期。

刘兴华，2013，《IMF对欧债危机的介入及其政策后果》，《南开学报》（哲学社会科学版）第3期。

刘友余，2014，《欧洲主权债务危机及成因》，《现代经济信息》第2期。

刘震，2015，《外汇占款对我国货币政策操作的影响研究》，《价格理论与实践》第11期。

卢锋，2011，《欧债危机，还是欧元危机?》，《金融时报》12月1日。

〔加〕罗纳德·麦金农，2013，《失宠的美元本位制》，李远芳、卢瑾、陈思翀译，中国金融出版社。

〔美〕蒙代尔，2003，《蒙代尔经济学文集》（第6卷），向松祚译，中国金融出版社。

牟岚，2015，《欧债危机背景下的中欧经贸关系研究》，博士学位论文，东北财经大学。

〔比〕尼古拉斯·维纶，2013，《银行业民族主义与欧债危机》，《中国经济报告》第11期。

庞晓波、王姗姗、陈守东，2015，《欧债危机对全球及中国传染性的测度分析——基于复杂网络的模拟研究》，《世界经济研究》第12期。

施祖麟、刘盾、潘锡辉，2014，《再论欧债危机的根源、治理与启示：基于对欧美国家工资政策的比较研究》，《经济社会体制比较》第6期。

石清华，2013，《欧债危机的分析——基于财政机会主义的视角》，《当代经济》第1期。

时寒冰，2012，《时寒冰说：欧债真相警示中国》，机械工业出版社。

苏功青、叶三见，1998，《论中央与地方的事权划分》，《中国财政》第5期。

随新玉，2003，《论欧元区财政政策与货币政策非对称性制度安排》，《河南金融管理干部学院学报》第5期。

孙晓青，2000，《欧元的国际化与欧美地缘经济之争》，《现代国际关系》第6期。

唐云峰，2014，《货币本质内在冲突与欧洲主权债务危机》，《财经论丛》第10期。

万志宏、陈汉鹏，2015，《从主权债务危机看欧元区的内在稳定性》，《南开学报》（哲学社会科学版）第6期。

汪占熬、陈小倩，2010，《次贷危机到主权债务危机：一个整体观点》，《武汉金融》第9期。

王凡一，2017，《从英国脱欧看欧盟内部经济的不稳定因素》，《当代经济研究》第5期。

王凡一，2018，《欧洲主权债务危机的货币传导路径及本质》，《税务与经济》第1期。

王菊红、魏冬，2013，《欧洲主权债务危机的成因分析》，《时代金融》第3期。

王明进，2017，《欧洲一体化之船驶向何方——当前欧盟的多重危机与重大不确定性》，《人民论坛·学术前沿》第7期。

王巍巍，2013，《欧债危机政治诱因及治理路径选择》，《湖南社会科学》第3期。

王艳，2011，《欧元区的症结与出路》，《国际经济合作》第11期。

王艺霖，2016，《欧洲央行法定权力研究》，博士学位论文，湖南师范大学。

王征洋、曹勇，2017，《我国主权部门债务风险评估及预警分析——基于资产风险市场价值的视角》，《国际金融研究》第10期。

吴帆、林川，2013，《欧洲第二次人口转变理论及其对中国的启示》，《南开学报》（哲学社会科学版）第6期。

吴晶晶，2017，《后欧债危机时代中国对欧盟直接投资现状及对策分析》，《现代经济信息》第2期。

向国成、曾祥炎，2013，《从英国第一次经济危机到欧债危机：一致性的理论诠释》，《经济学家》第2期。

项松林、赵曙东，2012，《宏观政策的协调机制与欧洲债务危机》，《国际贸易问题》第4期。

谢鹏，2017，《试析欧洲主权债务危机对欧盟预算制度改革的影响》，《中国电子科学研究院学报》第3期。

谢世清、马海方，2016，《欧债危机中心援助机制的演进和展望》，《财贸研究》第1期。

熊厚，2016，《欧洲经货联盟的危机与改革》，《金融评论》第6期。

徐明棋，2013，《欧债危机的理论评述与观点辨析》，《国际金融研究》第6期。

徐明棋，2013，《欧债危机与欧洲的走向》，时事出版社。

杨飞，2014，《次贷危机和欧债危机对新兴市场的传染效应研究——基于DCC-MVGARCH模型的检验》，《国际金融研究》第6期。

杨力、任嘉，2013，《单一货币区经济趋同的实证研究与欧债危机的内在逻辑》，《国际观察》第1期。

杨扬，2013，《辨析欧洲主权债务危机的成因》，《中国证券期货》第4期。

杨云珍，2017，《危机阴影下的欧洲民粹主义探析——以德国为例》，《社会科学文摘》第4期。

〔日〕伊藤诚，2012，《从次贷危机到主权债务危机：凯恩斯主义为什么不起作用》，《海派经济学》第4期。

尹力、戴芳芳，2012，《马斯特里赫特条约、最优货币区理论与欧债危机——基于法经济学视角的研究》，《浙江学刊》第6期。

余慧倩，2015，《欧债危机经济与制度深层次原因探究》，《山东工商学院学报》第1期。

袁佳，2015，《欧债危机中欧央行的救助措施与救助成本研究》，《西部金融》第2期。

袁佳、魏磊、赵大伟，2017，《主权债务危机救助及成本分担研究——来自欧洲的经验与启示》，《区域金融研究》第3期。

袁建国、王德祥，2012，《最优货币区与欧洲债务危机》，《经济研究导刊》第33期。

张光平，2011，《货币国际化程度度量的简单方法和人民币国际化水平的提升》，《金融评论》第3期。

张建军、郝全洪，2014，《欧债危机的深层原因和全球影响》，《甘肃理论学刊》第1期。

张平、周全林，2017，《“十三五”时期我国地方政府性债务风险的预测与监控》，《当代财经》第2期。

张应华，2015，《现代信用制度下政府债务的可持续性分析——兼论欧债危机的原因和美债前景》，《商业研究》第12期。

赵聚军，2014，《代议民主与福利超载：从福利国家危机、拉美化到欧债危机》，《经济社会体制比较》第3期。

赵儒煜、阎国来，2015，《产业脆弱性对欧债危机的作用机理分析》，《社会科学辑刊》第3期。

郑秉文，2011，《欧债危机下的养老金制度改革——从福利国家到高债国家的教训》，《中国人口科学》第5期。

中国社会科学院欧洲研究所课题组，2010，《希腊主权债务危机的由来及其对中国的影响》，《欧洲研究》第4期。

周茂华，2014，《欧债危机的现状、根源、演变趋势及其对发展中国家的影响》，《经济学动态》第3期。

邹宗森、刘庆林、张永亮，2016，《成员国异质性与欧洲央行的货币政策困境》，《财经科学》第7期。

Amrtya, S. 2012. “The Crisis of European Democracy.” The New York Times, May 22.

Arezki, M. R., Candelon, B. 2011. "Sovereign Rating News and Financial Markets Spillovers: Evidence from the European Debt Crisis." International Monetary Fund.

Bergsten, F. 1975. The Dilemmas of the Dollar. New York University Press.

Chinn, M., Frankel, J. 2005. Will the Euro Eventually Surpass the Dollar as Leading International Reserve Currency? NBER Working Paper, No. 11510.

Cohen, B. J. 1971. The Future of Sterling as an International Currency. London: Macmillan.

Cooper, R., Kempf, H., Peled, D. 2012. "Regional Debt in Monetary Unions. Is It Inflationary?" *European Economic Review* 54 (3): 345 – 358.

Deroose, S., Christine, F., Lucio, R. P. 2011. "Fiscal Implications of the Crisis and the Future of the EU Fiscal Framework." *International Journal of Sustainable Economy* 3 (2): 141 – 161.

Deroose, S., Frayne, C., Lucio R. P. 2011. "Fiscal Implications of the Crisis and the Future of the EU Fiscal Framework." *International Journal of Sustainable Economy* 3 (2): 141 – 161.

Flessbeck, H., Spiecker, F. 2011. "The Euro: A Story of Misunderstanding." *Intereconomics* 4: 180 – 187.

Furceri, D., Zdzienicka, A. 2012. "How Costly are Debt Crises?" *Journal of International Money and Finance* 31 (4): 726 – 742.

Grauwe, D. P. 2012. Economics of Monetary Union. Oxford: Oxford University Press.

Gros, D., Mayer, T. 2010. How to Deal with Sovereign Default in Europe: Towards a Euro (pean) Monetary Fund. CEPS Policy Brief, No. 202.

Hartmann, P. 1996. "The Future of the Euro as an International Currency: A Transactious Perpective." Research Report no. 20. Brussels: Center for European Policy Studies.

Kenen, P. 1983. "The Role of the Dollar as an International Currency." *Eastern Economic Journal* 22 (2): 127-136.

Krugman, P. 2011. "Can Europe be Saved?" New York Times, January12.

Krugman, P. 2013. "Revenge of the Optimum Currency Area." *NBER Macroeconomics Annual* 27: 439-448.

Marzinotto, B. 2011. " A European Fund for Economic Revival in Crisis Countries." Bruegel Policy Contribution.

Matsuyama, K., Kiyotaki, N., Matsui. 1993. "Towards a Theory of International Currency." *The Review of Economic Studies* 60: 283-307.

Michael, D., Bordo, L. J. 2003. "The Future of EMU: What does the History of Monetary Unions Tell Us?" In Monetary Unions: Theory, History, Public Choice, Edited by Forrest Capie and Geoffrey E. Wood, p. 28. London.

Nowotny, E. 2012. "European Monetary Union: Lessons from the Debt Crisis." Opening Remarks at Conference on European Monetary Union: Lessons from the Debt Crisis Organized by Central Bank of Austria. May10.

Noyer, C. 2010. Banking Regulation and the Financing of the

Economy.

Roberts, J. M., Foster, J. D. 2011. "Flashing Red: European Debt Crisis Signals Collapse of Social Welfare State." The Heritage Foundation.

Rose, A. 2005. "One Reason Countries Pay Their Debts: Renegotiation and International Trade." *Journal of Development Economics* 77 (1): 189 – 206.

Rose, A. K. 2000. "One Money, One Market: Estimating the Effect of Common Currencies on Trade." *Economic Policy* 30 (4): 9 – 45.

Schneider, H. 2012. "IMF Pushes Euro to Do More to Fight Debt Crisis." *Washington Post*, January 19.

Stiglitz, J. E. 2016. The Euro: How a Common Currency Threatens the Future of Europe. WW Norton & Company.

# 索 引

## H



## J

## L



## M

## Q



## R



## S



## T



## W



## X

## Z

图书在版编目(CIP)数据

欧元国际化对欧债危机的影响及对中国的启示 / 王凡一著. -- 北京：社会科学文献出版社，2019.11
ISBN 978 - 7 - 5201 - 5639 - 4

Ⅰ.①欧… Ⅱ.①王… Ⅲ.①欧元区 - 债务危机 - 研究 Ⅳ.①F835.059

中国版本图书馆 CIP 数据核字（2019）第 219022 号

## 欧元国际化对欧债危机的影响及对中国的启示

著　　者 / 王凡一

出 版 人 / 谢寿光
组稿编辑 / 吴　丹
责任编辑 / 白　云
文稿编辑 / 李肖肖

出　　版 / 社会科学文献出版社 · 皮书研究院（010）59367073
地址：北京市北三环中路甲 29 号院华龙大厦　邮编：100029
网址：www.ssap.com.cn
发　　行 / 市场营销中心（010）59367081　59367083
印　　装 / 三河市龙林印务有限公司

规　　格 / 开 本：787mm × 1092mm　1/16
印 张：16.25　字 数：202 千字
版　　次 / 2019 年 11 月第 1 版　2019 年 11 月第 1 次印刷
书　　号 / ISBN 978 - 7 - 5201 - 5639 - 4
定　　价 / 89.00 元